同济人文社科丛书(第四辑)
丛书主编　江波
本书受上海市哲学社会科学规划专项课题(2010FFX003)项目资助

公共住房法律调控机制研究

朱　冰　著

同濟大學出版社
TONGJI UNIVERSITY PRESS

图书在版编目(CIP)数据

公共住房法律调控机制研究/朱冰著.--上海：同济大学出版社,2014.11

(同济人文社科丛书.第4辑)

ISBN 978-7-5608-5602-5

Ⅰ.①公… Ⅱ.①朱… Ⅲ.①房地产法—研究—中国 Ⅳ.①D922.181.4

中国版本图书馆CIP数据核字(2014)第197365号

公共住房法律调控机制研究

朱 冰 著

责任编辑 徐国强 **责任校对** 徐春莲 **封面设计** 张 微

出版发行 同济大学出版社 www.tongjipress.com.cn

(地址:上海市四平路1239号 邮编:200092 电话:021-65985622)

经 销 全国各地新华书店

印 刷 同济大学印刷厂

开 本 850mm×1168mm 1/32

印 张 5.75

字 数 154000

版 次 2014年11月第1版 2014年11月第1次印刷

书 号 ISBN 978-7-5608-5602-5

定 价 22.00元

序

特殊的群体，比如老年人、未成年人、劳动者、消费者等，以及特殊的物，比如环境资源、动物、福利产品等，进入法律的视野，对其进行法律规制时都会涉及法律部门的分工与协作问题，也必然会涉及传统公法与私法“二元体系”的突破问题。这样的问题也多为当代法学研究的热点和难点。本书研究的“公共住房法律调控机制”问题，正属于这类法学作品。

新中国成立之初，城镇居民住房来源主要由祖屋继承、公有化后再分配、企事业单位配给等途径加以解决。改革开放以来，城镇居民住房逐渐增添了市场商品化方式，即由开发商开发兴建、私人购买来进行房屋添置与更新。原有公有住房通过职工购买、货币化等公房改造措施相继退出历史舞台。现有的公有住房一般是指国家新建、管理，用于社会住房保障目的的安居房。这类住房在西方发达国家早已存在，相关法律调控机制业也已成熟、健全。当下中国的保障性公有住房法律问题，在社会转型、经济转轨的历史节点显得突出而紧迫。从学术角度而言，这类法律问题又关联着社会学、经济学，甚至政治学的相关命题。借助交叉学科的研究理论以及研究方法来研究法学新问题，应该成为法律学人的历史担当。

保障公民基本的居住权，不让社会成员流离失所、无家可归，是国家应尽的义务。以公民基本住房权益为内容的公共住房权是处于权利位阶最顶端的基本人权，也属于宪法层面的公民基本生存权范畴。现代国家为改善中低收入阶层住房质量、数量、价格以及所有权和使用权，均建立了公共住房制度，包括住房资源、目标人群、权属性质等内容，涉及公共住房营建、使用和管理等环节。

从实物角度看，住房所涉法律问题是一个一般财产权的归属与利用问题，公寓住房还涉及建筑物区分所有制。但公有住房通常承载着国家或政府的社会保障、公共福利的政策功能，因此公有住房的法律问题除了所有权、用益物权等私法问题，更多为国家与个人之间的权利义务关系问题，亦即属于公法问题。而当公共住房的所有权与使用收益权，乃至处分权最大程度相分离的时候，住房受益人与他人之间又会形成纯粹的私法关系，民法的债权、物权、侵权责任等制度又有适用的余地。如何在法理上厘清围绕公有住房所产生的各种法律关系，构建一个多层次、全方位的法律调控制度体系，是一个极具挑战性的研究课题。本书在这方面显然做了极有价值的尝试。

本书将公房的法律调控机制分为私权配置与公权配置两个部分，着重探讨了如何将该两种法律机制有机融合的理论路径和实践基础，从而奠定公共住房法律调控机制的多元主体参与、公私属性兼具的立论基础和研究目的。

这种立论基础的难点在于：公共住房作为承载社会保障公益的公共产品，如何引入私权调控机制？本书从四个方面尝试解决这一难题：第一，从实物形态上看，公共住房是处于私人商品与纯公共物品之间过渡地带的准公共物品，并非具有纯粹公共性；公共住房在内部具有稀缺性和效用性、外部具有可交易性，因而具备一般商品的属性。第二，从财产权实现过程来看，所有权与用益权的最大分离本来具有法理基础，住房的使用成为公共住房法制体系架构的核心，而非对财产归属的确认与赋予。而且从"所有"到"使用"的重心转移也是市场经济的本质要求。第三，从法益构造来看，私法确认保护的法益既包含私益，也应该包含"社会公益"，公益属性不是公共住房私权调整的理论障碍。第四，从公共住房的市场形态来看，其开发、兴建、使用、流通、管理等环节必然会涉及契约自治、社团自律等规则，依然需借助传统私权工具，有必要将公共住房纳入私法调整范围。这一论证过程具有逻辑性，令人信服。

作者以法益构造、权利维度作为分析工具，合理论证了房屋管理中的公私合作的理论基础，向我们说明公共住房的公权管理机制和私权自治机制相得益彰的可能性。作者在本书的研究过程中，很好地运用了自己长期注重并积累的哲学、经济学、社会学等理论知识和研究方法，使得其论证过程丰满而厚实。作者收集和考察了西方发达国家的住房福利制度和运行实践，横向比较分析了英美法系与大陆法系国家有代表性的公房制度设计，为本书的专题研究积累了丰富的素材。这一研究结论将为我国制定独立的"公共住房法"提供重要的理论指导。

作为作者的同窗好友，我有幸见证了其学术研究课题取向和研究风格特点。作为一个民商法学者，她偏好于公共物品、公共资源、公共住房等法律问题的研究，这种“跨界”学术研究使得她的学术研究往往令人耳目一新。展现在读者面前的这本专著，正是其“公共”系列研究的成果之一。

是为序。

张作华

2014年1月于武汉南湖

目 录

导论

一、本书背景及意义

公共住房(Public Housing)是与商品房相对区分的一种具备公益补贴和社会保障性质的住房,包含但不限于通常意义上的保障性住房。在我国住房改革进程中先后出现并同时存在的公共住房形态主要包括“限价房”、“经济适用房”、“廉租房”、“公共租赁住房”等。我国20世纪90年代末住房改革才全面深化,公共住房体系建设开始的更晚,公共住房的法制建设才刚刚起步。

对“公共住房”法学意义的理解通常只停留在房屋实体的层面,或者局限于公有的权属性质。在房屋实体上公共住房并非一定表现为空间布局固定、与商品房独立区分的特殊住房群体,公共住房现代发展理念更加追求混合居住的社会效益;在权属性质上,公共住房并不天然排斥私有住房的合理存在和促进作用。目前我国公共住房在建设、流通、管理上的法制逻辑缺乏一般商品房那样逐渐完善的理论说明和规则指引。以商品住房为参照系,对公共住房的实物形态和公有性质进行反思,寻求公共住房在我国住房改革中的法学理论支撑是本书理论意义所在。

实践中过于单一的公共住房实物分配,禁锢了国家对公共住房法律调整的渠道和形式,局限于空间维度上的新建住房和旧房改造也面临资金配套困难、保障标准偏高、流通需求增长、管理模式落后以及贫困集中等现实难题。公共住房与一般商品房相比,在法律关系上呈现出相当的特殊性:主体兼顾公共住房主管机关、非营利性机构、房屋所有者、房屋使用者;内容覆盖行政管理公权与住户民事私权;客体既反映公共生活中的共同利益——社会保障、公益补贴,又辐射私有领域的个体利益——财产权。在公共住房的法律调整机制中,单一的私权调整和公权调控都无法取得成功。在公共住房法律关系特殊性基础上探索公共住房公私共治的体系构建是本书实践意义所在。

二、研究思路和方法

以我国住房体制改革为背景，从“公共住房”法律关系的特殊性出发，围绕公共住房的现实问题，以商品住房为参考系，从理论研讨、制度安排（规则设计）以及实证调研三个层次对公共住房法制体系进行多维度的探讨。在主体形态的研究中强调多元主体的参与以及具体的组织构架；在私权配置的分析中将静态条件和动态调整相结合，分析私权在公共住房中的存在——自治机制的功能和私权工具的作用；在公权管理上将空间与制度契合，分析国家强制在公共住房中的影响——公益的价值和主管机关的职能定位。

主要的研究方法

（1）类此的方法以商品房与商品房法律制度为参考系，对比分析公共住房与商品住房在房屋属性、市场权利配置、公权管理机制上的区别与联系，揭示公共住房的特殊性，指明一般商品房法律制度在公共住房上的不适应性。

（2）社会调查方法。选取典型限价房、经济适用房、公共租赁房、廉租房进行对比调查。目的是分析我国公共住房类型区分的规律。对重点居住人群的性状特征和主要类型的房屋性状特征进行归纳总结。

（3）中外比较研究。借鉴和比较各国立法规范和法制实践，研究在公私共治的法制系统中，政府主管部门、非营利性机构、中间组织以及公共住户的合作、参与、共建，从逻辑的角度分析公共住房市场私权配置和国家公权强制规范设计的科学性、周延性。

（4）多学科研究方法。吸纳和借鉴公共福利经济学与社会分层理论的研究成果，经济学给予法学的启示是如果公共住房的效用实现和发展更新都需依靠市场来实现，则其权利的初始配置将是至关重要的一步。社会学研究揭示了住房资源配置与社会分层结构之间的规律，为公共住房制度设计和权利安排提供了一个重要的社会学评定标准。

三、理论探索与不足

多个社会学科都从自己研究和关注的角度来阐释公共住房问题，但公共住房问题的法学思考和理论解释却始终缺位。本书通过对经济学、社会学以及法学镜像中的公共住房进行梳理，克服单纯从规划布局这一空间尺度和单一实物形态出发，将空间与制度契合进行制度创新，归纳公共住房在法学范畴内的特殊属性和个性特征，揭示公共住房制度形态的法学意义。

在传统的法学理论中，通常认为公共利益主要是公法调整的对象。然而在公共住房上这样的认识与判断，难以反映现实存在的公共住房复杂多样的法律属性。本书通过阐述公共住房与私权在市场背景下紧密关联的规律性，在理论上揭示私权在公共住房制度中的合理存在和促进作用，在实践中解决公共住房私权配置的制度构建。

关于公共住房法律问题的论述，是以公共住房的自身特性以及公共住房法律关系的特殊规律为切入点寻求其最佳法律规制路径。承认私权是公共住房法律制度中的重要力量，自治是私权行使的主要方式，公共住房的建设、使用、交易、管理依然需借助于私权工具和私权手段，论证公共住房的公权管理机制也将以权利为基础，在对公权与私权区分再讨论的基础上分析房屋管理中的公私合作。

着力于贫困集中的内城问题、配套设施滞后、住房形态单一、社会参与缺乏等公共住房的现实问题，对法制解决途径和方法给予明确的回答。同时，将对公共住房的市场私权配置、公共住房管理中的政府职能定位以及公权管理与私权自治的关系等问题进行探讨，对国外众多的实践做法进行归纳整理，阐释国外在相应领域的原则与做法，并对我国应采取的立法态度和法制措施提出自己的观点。

公共住房问题是一个复杂的社会现象，同时我国的公共住房制度建设又处于起步和探索阶段，各地的公共住房建设项目和制度立法也都只是最近几年才适用，许多最新的改革成果和资料数据并未公开，公共住房问题更普遍性的结论必须等待政策机制进一步的完善和更多的学者观察与总结。

第一章 公共住房的法学意义

第一节　公共住房的法学属性

公共住房(Public Housing or Public-Section Housing)是与普通商品房相对区分的一类房屋。各国都存在这类住房形式,只是在不同的国家有不同的称谓。英国称为“议会住房”(Council Housing),瑞典称为“公共住房”(Public Housing)或“合作住房”(Co-Operative Housing),荷兰称为“社会住房”(Social Housing),在日本和韩国其被称为“公营住宅”或“公团住房”,香港以“廉租屋、公屋、居屋”指代,新加坡统称为“组屋”。因为公共住房没有统一的权威定义,它在不同学科的语境背景下呈现出不同的特性。

一、经济学维度内的公共住房

经济学上“物品”与“资源”是同一含义不同用语,都是指可供人们满足需要的现实物品与劳务。物品有许多形态,既可以是自然界原本存在的某种天然物质产品,也可以是人们通过劳动和加工生产出来的人造制成品,还包括人们能够提供的各种劳动和服务。众多的物品相互区分借助概念这一技术性工具。概念被“视为用来以一种简略的方式辨识那些具有相同或共同要素的典型情形的工作性工具”❶,“诚如该词语所提示的,最初所指的就是在某类事物和它类事物之间划定界限或做区分的问题”,❷由此可以通过经济学对公共物品的定义将公共住房与一般商品房区别开来。

(一)公共住房的经济学定位

中外学者对公共物品的解释并不一致,大致可以分为两类:第一类直

---

❶ 【美】E.博登海默,《法理学:法律哲学与法律方法》,邓正来译,中国政法出版社 1998 年版,第 501 页。

❷ 【英】H.L.哈特,《法律的概念》,许家馨等译,法律出版社 2006 年版,第 13 页。

接对公共物品下定义。高鸿业、吴易风教授在《现代西方经济学》一书中将公共物品解释为,“公共物品是私人不愿意提供或无法提供而由政府提供的物品和劳务”。[1] 胡代光先生认为:“所谓公共物品意指一个人对某些物品或劳务的消费并未减少其他人同样消费或享受利益。如国防、路灯、无线电广播、环境的保护、新鲜空气等。”[2]斯垂唐(Hugh Stretton)和奥查德(Lionel Orchard)则认为:“出于分析的目的,经济学家把诸如灯塔之类不能基于任何使用的支付而提供的物品叫公共物品。”另一方面,他们又基于政治选择的目的,认为三类物品是公共物品:“一类是法律、秩序、灯塔、街道和路灯等,不属于任何人而又提供给任一个人,每个个体使用者并不为此而单独付费;二类是有可能收费但通常不收费的物品,如高速公路、桥梁、天气预报、公共图书馆、国家公园等;第三类是可以很好地在市场中收费,政府却以免费或低于成本价的形式提供给全体或部分公民。”[3]

第二类没有提出直接的公共物品定义,但指明了公共物品的某一方面或者主要的经济学特征。胡家勇认为:“公共物品是指具有以下特征的物品:①生产具有不可分性;②规模效应特别大;③初始投资特别大;④具有自然垄断性;⑤消费不具有排他性;⑥对消费者收费不易,或收费的成本过高……公共物品的主要特征是,消费的排他性、收费困难、自然垄断性,而且只要具备一个特征就可以称为公共物品。”[4]斯蒂格里兹在他的《公共部门经济学》中则认为:“纯公共物品有两个特点,一是对它们的理性使用不可能,二是对它们的理性使用也不需要。换而言之,前者意味着排除某个个体对它的消费是不可能或禁入的成本过高;后者意味着该物品在消费上具有非竞争性,也就是一个人的消费并未减少其他人对该物品的消费。”[5]布坎南在《公共财政》一书中认为公共物品的“显著特征就在于它的不可分性和非排他性。不可分性意味着一个灯塔可以由许多人使

[1] 高鸿业、吴易风,《现代西方经济学》,经济科学出版社 1990 年版,第 251 页。

[2] 胡代光、周安军,《当代西方经济学者论市场经济》,商务印书馆 1997 年版,第 18-19 页。

[3] Hugh Stretton. & Lionel Orchard, Public Goods, Public Enterprise, Public Choice, ST. Martin's Press, INC1994. P54.

[4] 胡家勇,《政府干预理论研究》,东北财经大学出版社 1996 年版,第 195 页。

[5] Edward C. Kienzle, Study Guide and Readings for Stiglitz Economics and Public Sector, W W Norton and Company 1989.

用”,而非排他性意味着“排除服务的潜在使用者相对来说要付出很大代价,并且是无效的”。❶

普通的商品住房被认为是由土地、劳动力和建筑材料生产出来的劳动产品,具备提供安定居所的使用价值,可以在市场上自由交换,是典型的一般商品。而公共住房不具有商品的典型特征——公共住房毫无疑问对他人或社会有用,但并不完全是用来交换的,或者说公共住房的交换受到严格限制甚至禁止,在此意义上,公共住房不是为交换而生产或用于交换。因为不能被纳入“用来交换的劳动产品”——一般商品的范畴,对公共住房经济学意义的理解,更多地需从“公共物品”的概念把握。

(二)公共住房的经济学特征

对公共住房的概念没有形成稳定而统一的认识,学术界主要从其不同特征出发对其做了多角度的描述性界定。一种是从主体身份的角度,公共住房是由政府营建、所有、管理的一类公有住房。“所谓公共住房,是指政府为城市低收入住户建造和维护、收取低额租金并由政府管理的住房。”❷一种是从经济形态上的界定,公共住房是一般市场交易行为之外的一类住房。是指由公共财政或国有资金兴建或补贴的,以低于市场同类房屋的价格水平,面向中等及中等以下家庭出租或出售的住宅。❸ 一种是从社会功能上的界定,公共住房是具备公益补贴和社会保障性质的住房。“住房保障是社会保障的重要组成部分。它指的是一个国家或地区政府为满足中低收入家庭的基本居住需要而采取的所有涉及住房、财政、金融的特殊政策”❹,这些界定所包含的房屋范围也渐次扩大,使得公共住房的外部表现型态呈现多样化的特点。以我国为例,在住房改革进程中先后出现并同时存在的实物形态的公共住房主要包括“限价房”、“经济适用房”、“廉租房”、“公共租赁住房”等,显然公共住房包含但不限于通常意义上的保障性住房。除此外,以货币形式出现并同时存在的公共住房还包

❶ 布坎南,《公共财政》,中国财政经济出版社1991年版,第17页。

❷ Jack C. Piano and Milton Greenbery, The American Political Dictionary, Holt, Rinehart and Winston, 1979, P. 377.

❸ 《南方周末》2011年7月7日,第31版。

❹ 李莉,《美国公共住房政策的演变》,厦门大学博士论文,2008年5月。

括住房公积金制度、售后公房补贴制度、提租补贴制度、购房税收优惠、低息或无息住房贷款制度等。

这些对公共住房型态的描述虽然在主体—客体的不同范式，经济—社会的不同范畴中转化，但其共同的基本的起决定作用的核心因素还是被揭示出来。根据经济学对公共物品的经典定义，可以从供给与消费两个经济学因素出发对公共住房进行描述性的解释。公共住房与私有住房最大的不同在于一定程度上使用的公益性和消费的非排他性，是具有不完全程度的非排他性和非竞争性的物。典型的"非排他性"指排除某个个体对它的消费是不可能或禁入的成本过高，或者说排除潜在使用者相对来说要付出很大代价，并且是无效的；典型的"非竞争性"意味着增加的消费者引起社会边际成本的增加为零，或者指一个人对某些物品或劳务的消费并未减少其他人同样消费或享受利益。对公共住房而言，其非竞争性和非排他性并不具有绝对的意义，出于某种社会利益考虑，公共住房被赋予了一定程度范围内[1]的竞争限制和排他限制，被制度建构排除在商品房市场配置之外，一方面它存在的目的与公共供给、公益消费紧密相关，其产生、流通的过程被人为限制，另一方面它与天然公共物品不同，其发展更新的过程不可能完全依靠自然循环系统而与市场机制完全隔绝。具备了使用的公益性和消费的非排他性的条件，公共住房可以被归入公共物品的范畴。同时作为一种公共物品，公共住房又具有某些非典型性。对于公共住房经济学的定位，不能依靠传统经济学根据效用、消费和收益等基本经济特性，将物品划分为非此即彼的对立两类：公共物品（public goods）和"私人物品"（private goods）。而需考虑其性质和边界具有的不确定性和模糊性，采用一种动态发展的方式来理解。设想存在这样一个"物品序列"：序列左端是纯粹的私人物品，右端是纯粹的公共物品；左右两端间包括具有不同程度的消费排他性和竞争性的各种物品，从序列的左端到右端，物品或服务的公共性不断增大。同时具有排他性和竞争性的物品是我们经常所说的私人物品，它可以通过竞争性市场来提供，比如

---

[1] 与天然的公共物品不同，公共住房的非竞争性与非排他性是一种人为的制度性安排，限制的范围和程度取决于制度目的和政策目标。

市场自由流通的商品房；纯公共物品则同时具有非排他性和非竞争性，比如政府行政用房和军队公用住房。这部分物品由于无法通过一般的市场交换实现消费，市场机制对纯公共物品的配置不起作用或者作用甚微。而一般社会公共住房介于纯公共物品和纯私人物品两个极端之间，具备准公共物品的非典型性，是不纯粹的公共物品，和城市间收费的高速公路、公共游泳馆、公共牧场一样，公共住房只具有局部的公共性质，是处于私人商品与纯公共物品之间过渡地带的准公共物品。

（三）公共住房经济学意义对法学的价值

（1）现代经济学研究论证了公共物品市场供给的可能性，从而为公共住房与市场机制的关联提供了理论契机。传统西方经济学理论一般认为，公共物品与私人物品相对应，是具有共同受益或联合消费特征的物品或劳务。由于这类物品或者劳务所提供的效用不能分割为若干单位，从而不能向个人或者企业出售，也不能为其定价，市场的供应自然就成为无效的方式。然而科斯 1974 年发表的《经济学上的灯塔》一文，第一个以事实为根据反驳了传统经济学家普遍接受的认为私营灯塔是无从收费或无利可图从而只能由政府提供的观点。科斯通过考察英国早期的灯塔制度的演变认为，历史表明，英国早期的灯塔是由私人建造并经营的。这些私人根据船只的大小及航程所经过灯塔的数量而确定，久而久之，不同航程的不同灯塔费干脆印成册，统一收费。而后来政府收回灯塔的原因不是由于私人无法收费，而是由于收费过高。科斯认为，灯塔的服务可以由私人提供，灯塔可由私人筹资建造、管理和所有，政府的作用局限于产权的确定与行使方面。由此开启了对公共物品市场机制的理论探索。经济学对公共住房问题的研究从公共住房的产品属性（准公共物品）出发，着重研讨公共住房作为一种社会资源的分配机制。公共住房和商品住房一样，也具有用地规划、营造开发、交易流通、中介服务以及使用维修管理的环节，这些环节与市场机制并非完全隔离，经济学对公共物品市场机制的理论探索可以成为公共住房市场机制的理论渊源。

（2）现代经济学对公共物品商品经济的特殊属性进行了精确的阐释，为公共住房的权利建构指明了方向。当代经济学主要运用公共选择理论和产权理论分别从政府与社会的关系和产权界定两个角度论证公共物品市场取向的可行性，这也是公共物品市场化的经济学理论基础。经济学对公共物品的研究关注的重点是物的本体，以公共物品的成本与效率的关系为出发点，揭示公共物品在市场流通中的特殊规律性。并形成了公共物的经济学经典定义：具有非排他性和非竞争性的物。最重要的是现代经济学论证了两个因素对公共物品的特殊属性的影响：一是技术水平，一是权利安排。技术的进步和使用，能够削弱某些公共物品的非排他性，即技术的发展使得人们能够越来越容易地以越来越低的成本或代价限制那些不愿付费的人们对特定物品的使用；权利的配置能够产生竞争性，通过改造公共物品的所有权构造同样能够达到传统认为的只有私人物品才具有的清晰产权。正如詹姆斯·布坎南在其"俱乐部理论"中强调那样，对于许多公共物品通过建立可塑性的所有权结构和引入排他装置，将所有权的结构调整到最适度的排他性。从这个意义上讲公共物品与私人物品的分类就变得不再具有从前那样绝对的意义，传统经济学对公共物品的描述都受到市场现实的冲击，私人物品与公共物品的区分只在理论上存在，采用动态的分类方式来看待公共物品的经济属性更具有开放性和务实性。经济学给予法学的启示是权利的合理配置对公共物品的市场利用机制具有决定性影响，公共住房在权属性质上并不排斥私有在其中的合理存在和重要作用，如果公共住房的效用实现和发展更新都需依靠市场来实现，则其权利的初始配置将是至关重要的一步。公共住房与市场的讨论已经由绝对的学理上的争执转化到提供公共产品和公共服务私有市场功能上的更精细的讨论。

二、社会学意义上的公共住房

（一）公共住房的社会学定位

社会学对城市居民住房问题，研究的重心一方面在变革中国传统的单位福利分房基础上，探索中国住房改革制度，建立符合社会主义市场经济要求的现代住房体系与住房分配货币化制度。另一方面主要研究住房市场机制转变过程国内住房的现状和存在的问题，后者逐渐成为研究的主流，其共同指向中国住房制度的核心问题：社会主义国家从计划经济向市场经济转变过程中社会分层体系的变化以及由此导致的社会不平等加剧。❶ 研究表明中国社会在改革前是一个经济上较为平等、政治上分层的社会，改革以后，从20世纪80年代早期到90年代中期，中国社会不平等程度总体在降低，但是当市场进一步渗透，社会不平等问题开始凸显，20世纪90年代以后反映社会不平等程度的基尼系数快速提升，并且种种迹象表明，这种分化还在继续加剧。❷ 学者的论证指出，在中国计划经济时期，中国城市没有完全意义上的弱势群体，但是随着市场转型的推进，中国城市开始出现弱势群体，并且他们的利益受到损害。❸ 另一些研究则指出，造成这种一个国家在短时期内居民贫富分化巨大变化的原因，既有市场的也有再分配的。❹ 在此背景下，公共住房被看成在中国社会市场转型时期由于权力和市场的共同作用塑造的社会不平等的强力矫正措施，是通过国家强制主导的对弱势群体的救助(福利)制度。

社会学认为公共住房本质含义是社会福利。社会福利的英文是Social Welfare，德文是Soziales，法文是Bien-être social，亦可将其译为社会援助或社会帮助等意。Barker认为，"社会福利是指一种由社会福利计划、社会福利津贴和社会服务构成的，帮助人们满足对维持社会运转必不可少的社会需要、教育需要和健康需要的国民制度"❺，虽然对何谓"基本需要"，不同国家有着截然不同的理解，在一系列问题上，诸如所提供的帮助的种类，提供帮助所处的环境，向何人提供帮助以及通过何人(组织)提供帮助等，会出现不同的看法，甚至对保障、救助、福利等术语相互关系各国都存在多种不同的认识❻。但满足人们的基本生存需要，包括充足的食

---

❶ 参见邓杭生等，《当代中国城市社会结构：现状与趋势》，中国人民大学出版社2004年版；Akos Rona-Tas，The first shall be last ? entrepreneurshipand communist cadres in the transition from sociology，American journal of sociology，Vol. 100，No. 1；边燕杰、刘勇利，《社会分层、住房产权与居住质量——对中国"五普"数据的分析》，《社会学研究》2005年第3期。

❷ 李强，《政治分层与经济分层》，《社会学援救》1997年第4期。

❸ 李斌，《市场推进下的中国城市弱势群体及其利益受损分析》，《求实》2002年第5期。

❹ 孙立平，《社会转型：发展社会学的新议题》，《社会学研究》2005年第1期。

❺ 转引【美】威廉姆·H.怀特克等著，《当今世界的社会福利》，解俊杰译，法律出版社2003年版，第29页。

❻ 参见邓大松、刘昌平等著，《改革开放30年：中国社会保障制度改革回顾、评估与展望》，中国社会科学出版社2009年，第239页以下。

品、衣物、房屋、医疗保险、清洁的水和空气，被所有现代国家普遍认定为社会福利基本性质和基础目的。其中"在良好的环境中适宜于人的住所，是所有居民的基本人权"❶，享有适合的住房不仅是人民安居乐业的基础，也成为政府公共行政的重要内容。虽然各个国家事实存在着意识形态的差别，但他们通常能就住房社会福利的必要性达成共识。各国都不约而同普遍制定以公共福利性住房为主体的公共住房制度，以解决中低收入家庭的住房问题。

这种住房福利理论的基础一是来自对生存权保障的人道政治思想，二则是从更实际的社会控制出发的社会成本思想。当人们的住房基本需要得不到满足时，他们作为社会成员的基本作用不能很好地发挥，从而导致社会成本的出现。❷ 在社会功能上，住房福利既扮演着补缺（residual）即救助的角色，又扮演着制度（institution）即预防的角色。❸ 在补缺的观点看来，当个体层面居民因各种原因而陷入住房困境时，由国家和社会予以帮助，以保障居民的基本住房需求，并使其有能力自助，能够参与社会生活。在此意义下，住房福利是为满足个体住房需求，对市场和国家正常功能失灵的补偿或者修复。而制度化的观点则强调，住房福利属于公认的社会制度，在现代工业社会中应发挥规范的持续的作用，住房福利起着预防社会不公的作用。公共住房是一种社会资源的再分配中的倾斜性的

---

❶ 1982 年在伦敦召开的国际住房和城市问题研究会通过的《住房人权宣言》。

❷ 比如，住房的贫困集聚问题，包括"内城问题"和"外城问题"，此类住房问题潜在社会成本是相对昂贵的。前者是指由于贫困人口在城市中心地带的相对集中，中心城区社区内过高比例的贫困人口，不仅可能使住房居住环境的相对恶化，由此导致的高失业、低收入、离婚、酗酒、吸毒和高犯罪率等一系列社会问题。后者是指社会问题被交织地联系到远离市中心这一关键因素上。即远离旧城市的新镇悄无声息地"收留"了大量来自内城的低收入人口，由此导致的单亲家庭、高失业、低收入、吸毒、酗酒、高犯罪率、无法就近找到就业机会以及大量有价值的农业用地将被代之以频率不断增加的社区活动等一系列经济的、社会的环境的成本控制问题，而将内城问题继续延伸到远离城市中心的市郊或者新城镇，甚至可能引起城市周边区域或者新城镇的"凋萎"或"衰退"。参见［英］Ian Cook，《英国公共住房政策和立法的发展及其对中国的启示——以利物浦为中心的案例分析》，竺效译，钱云校译，《政治与法律》2008 年第 2 期；马祖琦，《城市健康视角中的公共住房政策研究——美国经验及其对我国的启示》，《环球瞭望》2008 年第 7 期等。

❸ 参见 Trattner, Walter I., From poor law to welfare state: A history of social welfare in America, Free Press 1994.

政策选择，是国家利用公权强制干涉住房资源的再分配过程，具有明确的政策目标（在一定制度原则系统内使商品房购买能力之外的各类人群获得适当住房的机会和可能），针对社会阶层分化中的特定人群（中低收入人群）的一种倾斜性住房制度安排。其中住房福利的矫正作用和预防作用的统一是必不可少的内容。

（二）公共住房的社会学特征

社会学住房研究是在社会阶层分化这一基本社会背景下，对社会阶层分化在住房上的空间分布特征（即空间区位特征）和消费分布特征（即消费分层特征）进行的集中阐释。前者是以住房空间分布为立足点，后者是以居民消费行为为考察重心，共同指向社会阶层在住房上的分化和影响。

（1）空间区位特征。社会学对公共住房问题的研究开始于空间区位，强调居住的空间布局对社会分层的意义，以及由此产生的各种社会问题。在社会学研究视野中，住房是商品，在市场体制下，住房分配本质上是一个阶层分化现象：收入、职业和其他一些阶层变量决定着人们的住房产权、面积大小和居住质量。[1]“在市场机制作用下，经济状况或地租支付能力的差异，决定着不同个人和社会集团在争夺优势区位过程中的相对竞争实力，其结果是产生地理空间上的居住隔离。”[2]中国市场改革以来，伴随着贫富阶层划分日益明显，影响到人们的居住选择，进而加剧了人们居住空间阶层化趋势。“居住空间阶层化”被认为是附着在人们身上的社会阶层特征在居住空间上的结构性表现。[3]而对于这种在住房市场转轨后普遍存在的结构性居住现象的社会效果，社会学研究却反映出两种不同的认识和主张。有学者认为居住空间的阶层化能够促进社会居民的高度

---

[1] Logan, John R. & David Moloch, Urban Fortunes : Political Economy of Place, University of California Press1987.

[2] 程玉申、周敏，《国外有关城市社区的研究述评》，《社会学研究》1998 年第 4 期。

[3] 居住空间阶层化是指城市内某类居住空间的居民向单一社会阶层集中，而不同阶层的居民分属于不同类别的居住空间的过程，或者说是社会结构的分化现象在城市居住空间布局上的反映。参见李斌，《分化的住房政策：一项对住房改革的评估性研究》，社会科学文献出版社 2009 年版，第 170 页以下。

自治。Manzi 等对英国的实证研究指出，封闭社区表现为一种高效的管理机制，有助于社区内部的融合[1]，也有学者认为居住区隔是社会分裂的主要因素，成为人群之间斗争的结果。保罗・福塞尔的研究指出美国人住房格调的差异就体现了阶层间的差异，因而通过分析住房就可以研究人们所处的社会地位和社会阶层。[2] 而中国住房市场出现了严重的分割性导向：群体间的住房条件差异提升，空间上的群体隔离加强。这种隔离一方面是由于居民的货币支付能力差异造成的，但更为重要的方面还是由于不同的准入机制导致了群体间的制度性受益区别。[3]

（2）消费分层特征。社会学对住房问题研究的另一个焦点是住房消费，揭示住房消费与社会阶层之间的内在联系。这是社会阶层分化在住房消费上的分布特征。研究表明消费分层作为一个与社会地位密切相连的替代指标，更能真实地反映社会分层的实际状况。在食品、衣着、住房、用品、交通、闲暇等各个消费领域，消费分层体系都真实地存在着。自中国住房改革以来，无论是居住公房还是私房，住房状况上都存在层级化的特点。这种层级化的表现可以量化为不同家庭人均居住面积的差异。自最富裕阶层到最贫困阶层，随富裕程度的降低，人均居住面积也呈规律的下降趋势。住房消费已经成为影响消费阶层的一个非常重要的影响因素。[4] 随着我国住房制度的改革，城市居民个人消费成为我国房地产市场的消费主体。虽然影响我国城市居民住宅区位选择的因素是多方面的，但房价的高低是决定城市居民住宅区位选择的首要客观条件。另外，住宅区位的交通通达性和环境条件同样是影响居民住宅区位选择的重要客观条件。居民自身的社会、经济、文化等特征，以及对不同住宅区位和环境的偏好也左右着住宅区位选择过程和结果。[5] 在这些影响住房消费选择因子中非理性的消费观念和消费结构的作用不容忽视[6]。为此有学者

[1] Manzi T, Smith-Bowers B., Gated communities as club goods: Segre-gation or social cohesion?, Housing Studies, 2005, 20(2), PP345-359.

[2] 保罗福塞尔：《格调》，中国社会科学出版社 1998 年版。

[3] 李斌，《中国住房改革制度的分割性》，《社会学研究》2002 年第 2 期。

[4] 李培林、张翼，《消费分层：启动经济的一个重要视点》，《中国社会科学》2000 年第 1 期。

[5] 张文忠，《城市居民住宅区位选择的因子分析》，《地理科学进展》2001 年第 3 期。

[6] 张慧芳，王晔，《中国居民位置消费行为的实证分析》，《当代经济科学》2004 年第 1 期.

提出建立合理的住房消费梯度体系和消费观念。根据城市居民自身、家庭的经济收入情况，通过租买结合、新旧过渡的住房消费方式满足不同时期、不同阶段的居住需求。❶

（三）公共住房社会学意义对法学的价值

（1）现代社会学研究揭示了住房资源配置与社会分层结构之间的规律，为公共住房制度设计和权利安排提供了一个重要的社会学评定标准。首先，住房资源配置的阶层化是中国住房制度改革以来自然发生不可回避的社会现实，只有在承认住房阶层化的基础上，公共住房法律制度才能被准确地定位为在中国社会市场转型时期由于权力和市场的共同作用塑造的社会不平等的强力矫正措施，是国家公权强制干涉住房资源配置的再分配过程，是对弱势群体的住房救助（福利）提供规则设计和权利保障。其次，住房资源配置与社会分层结构的关联性，对法学的启示是居住的地理区位与个体其他社会资源的拥有具有密切的关系，由此在确定住房资源分配原则和制度设计时需要考虑不同阶层的人群与不同形态的住房之间的对应关系，并且考虑这种对应关系在时间维度中的动态变化，在公共住房的法律制度建构中，不仅应该准确地反映这种对应关系，更重要的也是更加困难的是及时地提供满足对应关系变化发展的规范指导和权利保障。

（2）现代社会学对公共住房空间区位的特殊属性进行的研究，为公共住房供给与分配中的规则设计和权利保障提供了实证参考依据。法学在公共住房的供给与分配的规则设计中，需要考虑居住空间阶层化对住房法制管理的对内效力与对外效力不同作用和影响。公共住房居住小区内部由于相似的人群相邻而居，特有的“邻里效应”能减少社区内部冲突，增加社区凝聚力，这必然会直接影响社区范畴内居民内部契约自治的意志集中和行为自觉，从而间接影响政府住房管理法律规范定制中的公权干预的力度和效力。而不同居住区阶层间的隔离和对立，则会增加公共住房法制管理的成本。由于封闭的阶层及社区意识的形成又给不同阶层成员贴上了该阶层及社区的标签，使阶层间交往难度加大，阶层间的隔离又

❶ 浩春杏，《城市住房梯度消费——以南京为个案的社会学研究》，南京大学出版社2007年版。

强化了这种封闭的阶层意识，从而形成一种恶性循环，结果是阶层内部趋于平等，而阶层间的距离拉大。[1] 群体间的住房条件差异提升，空间上的群体隔离加强。这必然会增加社会范畴内国家层面的公共住房法制体系建构的难度。

经济学对公共住房问题的研究从公共住房的产品属性——准公共物品出发，着重研究公共住房作为一种社会资源的分配机制，经济学认为公共住房制度的主旨在于分配与获得，考察一个社会是依据什么样的标准或规则将住房提供给不同的社会成员的。而社会学是从社会分层理论出发，研究公共住房的社会救济（福利）特征，关注住房分配标准与整个社会的分层结构之间有着怎样的关联性。法学作为行为调整的社会控制工具，重点在于建构适当的住房供给与分配的规则设计和权利保障。

三、法学视野中的公共住房——公共住房独特性对“物”之概念的影响

法律关系是经过筛选的社会关系，各类客观实在依据一定的原则和标准经过甄别才能进入法律备选之列。从权利角度理解物时，物在法律上的意义是它须具备法律筛选的标准从而成为法律关系的客体——权利义务共同指向的对象。在法学意义上物的三重筛选标准中，[2]公共住房的客观实在性毋庸置疑，然而公共住房的“准公共产品”的特征和“社会救济（福利）”的功能使其商品属性和权利属性体现出一定的特殊性。

（一）公共住房的商品属性

在商品经济形态下，这种以人的主体价值为中心，以人与物的供需关系为标准对物进行甄别和筛选的做法主要通过市场准则来体现，即物的商品性需要具备两个条件：

第一，兼具稀缺和效用，这是物之商品属性的内部条件。

---

[1] 徐晓军，《住宅小区的阶层化：机遇与挑战》，《城市问题》2001年第5期。

[2] 法学意义上的物是一个认知概念，是人对外部世界认知的理性把握和概念表达。传统私法对物之概念的衡量标准经历了物之客观实在性、物之商品属性以及物之权利属性的三重归纳和提炼。参见朱冰，《公用物法律问题研究——以公用事业市场化为背景》，上海人民出版社2010年版。

对于什么决定了自然客观状态的物具有社会商品价值的标准主要有三种观念：一种是劳动价值标准，以斯密和李嘉图为代表认为商品价值的源泉都来自劳动，商品贵贱取决于劳动者的劳动总量多少和劳动生产率高低。一种是效用价值标准，以杰文斯、门格尔和瓦尔拉斯为代表，认为物品的效用即使用价值决定价格，其中边际效用论使这种效用价值论发展至顶峰。第三种是稀缺价值标准，意大利的费迪南多·加利阿尼在《货币论》中指出"效用"是物品满足于由情欲引起的欲望，"稀缺"是指相对于人们的欲望，现实中可供利用从而满足具体需求的资源总是有限的。在三种标准中物的有限性是现代经济学的核心假设，被认为是推动社会经济运动的必备因素。具备效用与稀缺是将物从众多客观物质形态中甄选出来的基础。

任何种类的住房资源都具有可使用性，这是它作为社会资源在社会生活发挥作用的基础。稀缺则反映物作为一种有用的社会资源与社会供给之间的紧张关系，当物的实际供给不能满足或者不能完全满足对物的实际需要时，就出现稀缺的问题。这意味着"稀缺"本质上是资源的一种社会属性，是社会需求与社会供给之间的结构性对应关系，稀缺的原因可能是技术性的，也可能是制度性的，但供给与需求之间的缺口是稀缺的本质所在，而且这种短缺的存在也总是与一定时间、地点以及对应的社会条件相关，并处于不断的社会进程变化中。既有的研究和数据都表明公共住房作为一种有用的社会资源，始终处于供给无法充分满足需求的稀缺状态。❶

在现代社会公共住房作为一种社会资源同时具备效用性与稀缺性，商品属性的两个本质特征内含在公共住房中，这意味着公共住房具备从客观实在物向商品物转化的内部条件。

---

❶ 以我国廉租房为例，2010 年前我国廉租房覆盖人数仅为 150 万户左右，根据 2010 年 1 月份民政事业统计月报显示，2009 年中国享有最低生活保障人数已达 2347 万人，按照户均 3.5 人计算，我国还将至少有近 1000 万人需要公共住房，需要新建面积约 4 亿平方米。参见巴曙松、王志峰，《资金来源、制度变革与国际经验借鉴：源自公共廉租房》，《改革》，2010 年第 3 期。即使在西方发达国家，从一些国家的住房政策的实践来看，大多数西方国家仍有 35%～50%的人住在政府提供的公共住房内，低收入者对廉租房的需求与社会提供保障性住房的供给之间始终存在紧张关系。公共住房处于严重供不应求的紧张状态。参见李正全，《发达国家政府干预房地产市场的政策演变趋势及其借鉴意义》，《世界经济研究》，2005 年第 5 期。

第二，存在交易市场——由许多具有共同需求的人集中交易的场所和交易的规则，这是物之商品属性的外部条件。

市场机制能创造出使物(具备稀缺与效用的内在属性)成为商品(交易流通)的机会，市场机制作为一种外部环境，虽然不像稀缺与效用对物之商品属性发挥内生条件的作用，却决定着物实现商品经济价值转化的机会和可能。此类机会能否被抓住，首先取决于对最终产品需求的强度，效用和稀缺可以被看成是衡量该强度的指标。其次取决于组织经济系统的方式，包括市场主体的准入与退出，市场交易规则的制定和执行，竞争机制的安排和维系等。再次取决于对维持已建立经济系统的既得利益的配置和保障。就目前我国公共住房现状分析，首先，根据“准公共产品”的性质，公共住房被定位为低收入个人或者家庭的生活必需品，但该物品对低收入个人或者家庭而言，仍然具有普通商品的财产内涵。[1] 公共住房的社会需求与社会供给存在巨大落差。即社会对于公共住房需求的强度完全可以用住房的效用与稀缺进行精确地衡量和量度。其次，出于“社会保障功能”的公益考虑，公共住房的交易和流通处于被政策限制的状态，换言之，公共住房经济系统的市场构建方式只是由于政策利益考量而被人为排除。然而没有证据表明组织经济系统的市场构建与公共住房的社会保障的公益目的之间必然存在冲突，事实上，本书的论述将证明组织经济系统的市场构建，通过一定的门槛设计(公共住房的准入机制)将符合条件的市场主体限制在一定数量范围内，通过对其行为的规制(交易条件、交易程序和交易标准)使不同类型的公共住房在不同的社会阶层之间合理的流动，通过一定的流通系统使各类公共住房最终转变为被最合理的终端消费者使用的产品，是符合公共住房“社会保障(福利)”的目的，也与公共住房空间区位特征和消费分层特征相契合。再次，所有公共住房法律制度设计都应是对维持已建立经济系统的既得利益(公共住房社会保障公益)的合理配置和保障。私人财产权支配与排他的本质与公共住房

[1] 迈克尔教授论证了制度性资产积累过程引入穷人福利模式的可行性。公共住房作为政府对穷人的支持不只是收入，也包括资产，公共住房的制度设计则可以成为针对穷人的一种资产积累结构。参见【美】迈克尔·谢若登，《资产与穷人》，商务出版社 2005 年版。

公益与社会保障的功能天然排斥。准公共物品和社会保障公益性决定公共住房的制度设计需构架在以物品流通为基础的公共财产权之上。在承认社会分层的前提下,保障公共住房资源公平再分配的经济系统,增加低收入群体生活能力相适应,提供与其生活能力相匹配的住房条件,是该居住制度构架中资源的公平配置与合理流动的核心环节。

总之,人对公共住房的需求、公共住房满足人需求的程度(物的经济价值)皆可以在一定的经济系统内由其交易准则来衡量,并可以通过货币或者货币媒介发生的外在形态来体现,"因为货币为市场研究提供了一个测度,足以与物理学中的质量和速度的作用相媲美"。公共住房商品属性虽然不会像普通商品房那样典型,公共住房流动的经济系统也不会像普通商房流动市场那样的无限和万能,但它仍然是应对无限物质需求与有限物质供给矛盾的社会响应机制,市场、技术、特定的经济组织系统还是会创造公共住房特有的筛选机制,公共住房在该筛选机制中完成从准公共物品进入物权范畴的排他支配物——权利客体。

(二)公共住房的权利属性

把所有的法律关系用"权利"来进行表示,是近代民法的思考方式,"我的权利就是法,在权利中,法被损害,且将得到维护"。在这种意义上,民法是作为权利的体系而被构建的❶,关于权利的本质各种学说虽然众说纷纭,❷但都关涉并强调核心因素 - 利益。❸ 权利的实质内核是被法律保护的利益 - 法益,法律并不创造或发明利益,而是对社会中的利益关系加以选择,在众多的利益中有些是法律承认并加以保护的称之为法益,它构成了权利的内核。承载法益之物,无论是有体还是无体是权利还是财产都可以成为权利的标的。此时法律在具备经济形态的物之上进行了再一次的甄别,那些被选中的物从形态众多的经济实体中凸现出来,进入民法调整的范围。简而言之,经济形态的物必须经过筛选成为权利标的才成

❶ 【日】大村 郭志著,《民法总论》,江溯、张立艳译,北京大学出版社 2004 年版,第 34 页。

❷ 参见张文显,《法学基本范畴研究》,中国政法人学出版社 1998 年版,第 74- 80 页。

❸ 参见【德】鲁道夫·冯·耶林,《为权利而斗争》,郑永流译,法律出版社 2007 年版,第 19 页;史尚宽,《民法总论》,中国政法大学出版社 2000 年版,第 18—19 页;周枏,《罗马法原论》,商务印书馆 1996 年版,第 408—409 页;高富平,《物权法专论》,北京大学出版社 2007 年版,第 10 页等。

为民法之物。对公共住房而言，它的社会保障功能集中体现的公益性往往是其法律调整机制中公法与私法分割的依据，彰显公共住房“特殊”物的公益内涵成为决定私法在准公共商品领域甄别筛选权利客体的一种妨碍——通常理论认为公共利益只是公法调整之利益，一般意义上的物可以通过出售、抵押、出资等方式自由的流通，但设定了公益负担之物则往往属于限制流通物与禁止流通物。[1] 进而认定承载公益的物因其不具有流通性不在私法调整范畴内。事实上公共物品与私法的关联既非这样简单，又非这样绝对。

第一，在理论上，公益符合“法益”的正当性要求，私法确认保护的法益应该包含“社会公益”，公益属性不是公共住房私权调整的理论障碍。

法益是法律对利益进行选择的结果，因为利益有正当的和不正当的之分，马克思指出：“利益就其本性来说，是盲目的、无止境的、片面的，一句话，它具有不法的本能，难道不法可以颁布法律吗？”[2]所以，对法律所选出的利益应该具有正当性，只有正当的，也唯有正当的利益才是法益。“他是财产所有权人道德的试金石，亦是他的行为在社会上的价值的衡量器”。公共住房上体现的社会保障价值因其与人类共同生活有关，其可以满足处于弱势的低收入人群的住房需要，并实现他们的希望，这些价值就是“客观的”符合人性自然之法而具有一般有效性。

19世纪末英国新黑格尔派主要代表人物格林认为：“能够认识到共同利益也是自己的利益，并借助于别人认识到的利益来控制自己履行权利，使人意识到，权利应该得到履行；这也就意味着，应该有权利存在，而权力应该通过相互承认得到控制。”即“如果在社会成员方面，没有对共同利益的意识就不可能有权利，没有共同利益的意识就只可能存在个人的某些权力，但这种权力，别人不会承认它是他们所允许履行的权力。也不会对这种承认有任何要求，而没有这种承认或承认的要求，权利就不可能存在。”[3]格林的观点为公共住房上公共利益作为法益提供了理论上的说明：

---

[1] Selvatore Pugliatti，Cosa. Enciclopedia del Diritto，XI，Cosa—Delib，Giuffre，Milano，1962，p. 6

[2] 《马克思恩格斯全集》第1卷，人民出版社1956版，第179页。

[3] 【美】贝思·J. 辛格，《实用主义、权利和民主》，王守昌等译，上海译文出版社2001年版，第61-62页。

权利是并且必须是不仅作为社会的产物，而且是有自我意识的社会的产物：人们已察知其共同利益并共同具有这种意识，所以，人们愿意并且能够共同协调他们的行为。公共住房超越物的经济层面，蕴涵了社会保障（福利）功能，兼顾经济价值、社会价值，是多种价值的统一体。公共住房负担的公共利益代表着不特定多数人的利益，因为“以许多人的共同意志为内容，因其可以保障最为广泛的同意”。对住房保障公益的共同意识与相互承认构成了公共住房公共利益被法律承认与保护的正当化理由。

第二，在实践中，公共住房开发利用的市场路径顺应公私双重法益的特性，拓展传统私法利益内涵，将公共住房纳入私法调整之列。

公共住房上公共利益具有相对性，公共住房是兼具公共利益、私人利益双重混合属性之物。对公共住房而言，其所承载与内含的“公共利益”具有抽象与具体两个层面的含义。公共利益与私人利益作为一对矛盾体在层层相套的环境中相对存在于公共住房之上。并不存在孤立的、单独的表现为终极的、排他的公共利益，公益与私益即相互结合又相互依赖。在经济适用房、公共廉租房等法律关系中一方面体现了社会福利（救助）的公益倾向，同时也具有私人占有、私人使用的私益特征。在经济适用房、公共廉租房等空间分布上公共空间与私人空间始终并存，在经济适用房、公共廉租房等事务管理上，私人支配与公共管理也无法绝对地剥离。公共住房是内含私益与公益二元法益，承载经济价值、社会价值多重功能，公益与私益的不可分性是公共住房在市场化进程中特殊矛盾根源所在。在市场化中，私益追求个人利益最大化的目标与公益谋求多数人利益最大化的理想在公共住房上成为一对矛盾的共生体。一方面私人出于自我利益最大化的追求，只习惯于从私有和个体的角度考虑公共住房经济价值的实现；另一方面由于公益所遵循的伦理正当性，需从公有与群体的角度来落实公共住房的社会价值。两种利益不同功能的分歧在市场化的进程中外化为权利配置中的矛盾，如果缺乏有效的约束机制，没有明确的私权制度，公共住房的用益将处于混乱无序的状态。

社会公共利益内涵是近现代所有权观念中的一个突出的特点，关于这一点德国学者耶林早就指出：“并没有什么绝对的财产，特别是独立于社会利益之外的财产。历史已经反复向我们说明了这一点。”[1]而沃尔夫教授在谈到公益与民法的关系时则进一步说明:“虽然政治权力可以维护公共利益,但另一方面由于各种利益集团影响着行政政策,也可能使得行政权力无法实施公共利益……当个人追求其个人权利而同时又能维护公共利益时,就不能为他们设置障碍。”[2]过去被作为民法基本原理的那些东西,已经逐渐失去了解释社会变化的说服力和表明变化方向的魅力。公共住房所包含的保障公益并不是阻却其成为权利客体的障碍,公共利益是私权客体内含“法益”的应有之意,它也隐喻着私法调整的空间,在公共住房的保障体制中应该有私法学者的思考。

第二节　公共住房的法哲学基础

20 世纪 70 年代以来法律发展的趋势是通过注入、接纳并内化新的哲学、经济学、社会学原理推动其发展,[3]社会发展、福利救济、公平、效率等社会普遍关怀逐渐纳入公共住房法律制度领域。

一、社会正义与公共住房

(一) 公共住房的公平价值

罗尔斯认为:“正义是社会制度的首要价值,某些法律和制度,不管它们如何有效率和有条理,只要它们不正义,就必须加以改造和废除。”从近现代的西方思想家那里,正义的概念越来越多地被专门用作评价社会制度的一种道德标准,被看作社会制度的首要价值。罗尔斯将抽象的“作为公平的正义”的直觉观念构架论证为一种公平正义的理论模型,他认为:正义作为社会制度建构和选择的首要标准,需遵循处于一种“词典式序

---

[1] R Von Jhering, Der Geist Des R mischen RecHts Auf Den VerscHiedenen Stufen Seiner Entwicklung 7(4th ed. 1878)。

[2] 【德】M. 沃尔夫,《物权法》,吴越、李大雪译,法律出版社,2004 年,第 189 页。

[3] Richard Lazarus, Changing Conceptions of Property and Sovereignty in Natural Resources: Questioning the Public Trust Doctrine, Iowa Law Review, Vol. 71, Issue 3 (March 1986), PP. 631-716.

列"中的两个正义原则，第一个原则是平等自由的原则；第二个原则是机会的公正平等原则和差别原则的结合。其中，第一个原则优先于第二个原则，而第二个原则中的机会公平原则又优先于差别原则。将正义的对象确定为社会基本结构，而将社会正义的主要问题归纳为一种合作系统中的主要的社会制度安排，即用来分配公民的基本权利和义务、划分由社会合作产生的利益和负担的主要制度。只有符合了"公平的正义"的两个原则，社会制度的建构才具备了正当性。[1] 公共住房作为一种社会基本制度，符合"公平的正义"是确定其制度结构分配的一个重要标准。

根据罗尔斯的公平的正义原则，首先，公共住房制度要遵循平等自由的原则。在公共住房的制度设计中需保障个体选择的自由和选择的可能，确保各个阶层住房消费者在"限价房"、"经济适用房"、"廉租房"、"公共租赁住房"等各种类型的公共住房体系中流动的自由，包括进入的自由，退出的自由，选择的多样性和选择的可能性。这意味着即使是享受政府的住房保障（福利）政策，也要充分赋予个体以一定的自由和选择的空间，在一定程度上参考目标群体的消费选择权。如同中高收入群体在房地产市场上拥有的自由度一样，而不是以统一的制式标准为目标群体决定固定不变的住房的大小、类型、地点。其次，公共住房制度要满足机会公平原则和差别原则的结合。前者是指公共住房的公平目标，是运用再分配手段，确保全社会住房产品分配的公平。由于住房市场竞争的制度性缺陷，使得低收入阶层在获得适宜住房的机会上大大小于中高阶层，公共住房制度的分配正义就在于通过某种补偿或者再分配使社会所有成员都处于一种平等机会的地位。为此，必须扩展那些机会较少的低收入阶层，保障低收入阶层以及其他特殊阶层的住房权利，保证社会各个阶层在住房系统中都有获得合理、舒适住房的机会和可能。后者是指应承认作为住房社会资源分配的一种"校正"制度，公共住房补偿和分配客观存在差序层级。即使是具备平等的自由和公平机会所要求的住房制度结构，总是客观存在多受惠者和少受惠者的层级差异，"合乎最少受惠者的最大利益"是罗尔斯正义论的关键。公共住房制度作为住房资源分配校正制

---

[1] 参见【美】约翰罗尔斯著，《正义论》，何怀宏等译，中国社会科学出版社 2006 年版。

度，依据波斯纳的理解，虽然自亚里士多德开始以及后来的诸多哲学理论对校正正义、分配正义具体路径的阐释并不同，但对校正正义的基本特点几乎没有分歧，校正正义与按照绩效进行分配不同，校正原则其字面含义是扳直，不适用于奖赏，只适用于交换，包括自愿的交换和不自愿的交换。❶ 假定存在着平等的自由和公平机会所要求的公共住房制度结构，那么，"当且仅当境遇较好者的较高期待是作为提高最少获利者的期望计划的一部分而发挥作用时，它们才是公正的"。公共住房制度"并不确定和保障那些状况较好的人的较好前景，除非这样做适合于那些较不幸运的人利益"。❷

（二）公共住房的公平标准

自亚里士多德开始，正义就是"指向他人的"："它的本质是指示着与他人的关系"，因为，正义"在与他人的关系中指导人"。正如圣托马斯教导说，正义以某种双重的方式"指导置身于与他人的关系中的人"："首先是在与个体的关系中，其次是在与作为整体的他人的关系中，即一个人服务于一个共同体，服务于所有属于这个共同体的那些人。"❸"公平的正义"作为伦理道德价值则偏重于"理性之下的过程在内部意识中占优势，往往见于动机本身的范围之中"，而要成为名符其实的法律价值，则需"处理人与人与事物的外部关系。❹ 公平在法律意义上总是与人的社会性相关，公共住房的公平价值集中体现在住房者之间受益对应关系中。

1. 社会层级与住房受惠对价原则

各个阶层的支付能力与他们获得住房补贴或者资助之间保持一定对应关系，任何公共住房使用者不能从政府补贴或者资助中获得"超长利益"。

参考国际经验，公共住房受益对象范围因国而异。从整体上看，欧美

❶ 【美】理查德·A.波斯纳，《法理学问题》，苏力译，中国政法大学出版社 2001 年版，第 392 页以下。

❷ 【美】约翰·罗尔斯著，《正义论》，何怀宏等译，中国社会科学出版社 2006 年版，第 76 页。

❸ 【德】海因里·希罗门，《自然法的观念史和哲学》，姚中秋译，上海三联书店 2007 年版，第 184 页以下。

❹ 【意】米拉格利亚著，《比较法律哲学》，朱敏章等译，中国政法大学出版社 2004 年版，第 172 页以下。

发达国家和亚洲的新兴经济国家的住房受益范围分为两种类型和两个阶段。两种类型是指，一种是新加坡、瑞典等高福利国家，几乎涵盖了全国国民，如新加坡有近90%的家庭居住在组屋；另一种是以美国为代表的发达国家，基本上把中低收入家庭纳入住房保障范畴。两个阶段是指，在早期的住宅紧缺阶段，住房保障顾及面很大，基本包括全部国民；在近些年的居住升级阶段，住房保障的顾及面缩小许多，重点转向中低收入家庭尤其是低收入家庭。我国2005年城镇居民的住房私有化率达到89%(其中自有自住的比例为78%，自有出租的比例为11%)，用来出租的公房和其他性质的住房只有11%，城镇人均住房建筑面积平均为28.42平方米，城镇人口不存在普遍的住房短缺。[1] 在这种情况下，根据各收入阶层的住房支付能力，来确定公共住房受益群体的范围，使不同的公共住房层级即可以从公共住房制度获得符合“公平的正义”的校正性补偿，又不至于使得这种补偿利益超越了“公平的正义”的必要限度，在社会层级的相互比较中保持获益与补偿的对应平衡。社会层级与住房受惠对应衡量标准应该防止两种极端的不公平现象，一种重点在于衡量一项公共住房政策或计划是否能够有效地为城市低收入阶层提供适合的住房，防止低收入阶层因支付能力过低而无法获得满意的住房。另一方面，公平性是针对全社会的，并不是只针对低收入者而言的。也就是说，政府为低收入阶层提供公共住房或补贴时，不能让低收入者因为政府调节反而在经济条件上超过本来好于他们的收入阶层。如果出现这样的情况，这项公共住房政策本身已经违背了公平的正义原则。

2. 住房受益与住房负担对价原则

公共住房使用者在公共住房上的受益与负担之间保持对等相当的关系。低收入群体获得和享有社会住房补助资源的同时，需要承担住房补助资源上的限制和负担。住房补助资源满足低收入群体的住房需要，是以限制该群体的住房权利大小和权利内容为代价。这种住房受益与住房负担具备“充足”与“相当”的两种对应关系。前者要求公共住房使用者作

---

[1] 数据来源于新浪房产，《我国城镇住房保障范围和保障方式研究》研究报告，http://bj.house.sina.com.cn/news/2009-01-20/162896018.html2009年11月8日访问。

为社会住房制度的最少受益者应该享有住房补充资源，并且这种社会结构性的正义校正制度应该被法律强制力保障。后者则强调公共住房使用者获益与其负担之间应具等值关系，包括客观等值原则和主观等值原则两种判断标准。不同层级的公共住房使用者从该制度的获益与其受到的权利限制和义务负担正向变动（表 1-1）。

表 1-1

	公共住房				商品住房		
住房类型	公房	廉租房	经济适用房	限价房	房改房	一般商品房	高端商品房
住房功能	完全社会保障		不完全社会保障		商品属性		投资品属性
住房权属	无所有权		有限所有权		完全所有权		
权利限制	禁止转租、转借、出售或者其他处分获益[1]		交易、出租的限制[2]		无		

二、经济效用与公共住房

（一）公共住房的效用价值

效率是关于人们在偏好既定的条件下，如何将有限的资源充分利用的问题。新制度经济学将效用作为资源配置的衡量工具，其核心思想是以效用为评价基础，对各类资源配置作出判断，将手段符合目的的效用最大化理性选择作为一个重要（但不是唯一重要的）资源配置的评判标准。波斯纳指出："人们总是理性地最大化其满足度，一切人在他们的一切涉及选择的活动中均如此……无论是非货币性满足还是货币性满足都进入了个人的最大化算计。"[3]福利经济学则将效用看作社会公正分配的必要条件，"所有最优的社会公正的分配同时也就是帕累托效率，在这种条件下的效率是社会公正的必要条件"。[4] 庇古则运用边际社会净产品和边际

---

[1] 参见《廉租住房保障办法》第五章规定。

[2] 参见《经济适用住房管理办法》第五章规定。

[3] 【美】理查德 A 波斯纳著，《法理学问题》，苏力译，中国政法大学出版社 2001 版，第 442 页。

[4] 【英】巴尔著，《福利国家经济学》，邓秉文等译，中国劳动社会保障出版社 2003 年版，第 75-82 页。

私人净产品的概念，分析了资源配置的效率。认为只有边际社会净产品的所有用处得到使用时，国民所有才能最大化，而当边际私人净产品与边际社会净产品出现差别时，国民所得总量就不能得到最大化，这是政府干预的理由，并且这种对正常经济过程的干涉行为被期待增加而非减少国民所得。❶

帕累托改进(Pareto improvement)为住房福利改进预设了理想状态的标准：如果一种社会状态到另一种社会状态的变化，使至少一个人的住房福利增加，而同时没有使任何一个人的住房福利减少，那么这种变化就是好的。这种符合社会公正的最优分配暗喻着个人住房福利与社会住房福利的最优效用关系。庇古在考察从富人转移到穷人对国民所得的影响时，指出从富人向穷人的一定资源的转移必定增加未来的国民所得，只要向穷人的投资通过穷人生产能力的增加而获得的回报，不少于向有形资产投资的回报，并注意对给予转移的人附带某种监督❷。谢若登进一步论证了通过政府创新性补贴计划实现富人向穷人的住房资源转移以增加社会住房福利的具体途径和办法，“住房是非常复杂的社会政策领域，但它也是一个非常有创造性的领域……有关住房个人发展账户的建议被看成开始实行以资产为基础的住房政策的一个正确方向和成功尝试”。❸ 公共住房的法律制度设计应通过提高社会中低收入者的住房福利效用来促进社会住房福利的整体增加。在国民收入既定的情况下，减少中等以上富裕阶层的些许住房福利，包括土地供给、住房建设基金、城市规划以及公共设施配套等方面福利，将其转移给中低以下的社会阶层，对富裕阶层并无效用减少，但缩小了收入差距，可以增加整个社会住房福利总效用。换言之，住房的福利效用是在不减少或者剥夺中低收入阶层的住房福利的前提下，谋求社会整体住房福利的增加，是在国民所得水平不变的情况

---

❶ 参见【英】亚瑟塞斯儿庇古著，《福利经济学》，何玉长等译，上海财经大学出版社 2009 年版，第 379-386 页。

❷ 【英】亚瑟塞斯儿庇古著，《福利经济学》，何玉长等译，上海财经大学出版社 2009 年版，第 380 页。

❸ 【美】迈克尔·谢若登：《资产与穷人——一项新的美国福利政策》，商务印书馆 2005 年版，第 295 页以下。

下，通过调节住房社会资源的生产、分配、交换、使用，纠正和克服市场缺陷，确保住房供需在数量和结构上的平衡，防止住房过量供应或提前废弃等情况所带来的社会资源浪费，增加社会住房资源的利用效率，达到提高社会住房福利的目标。

（二）公共住房的效用标准

经济学对效用的考察是以帕累托效率要求为基础，从生产效率、交换效率、产品组合效率三个方面具体落实[1]。根据该标准，对公共住房政策的效率性分析，即衡量一项公共住房政策或计划是否及时、有效地达到了住房供需要求，衡量政府调控住房市场的计划是否能够合理地补充市场住房供应不足，实现住房资源配置的效用目标，主要通过下列效率要求的具体运用：

1. 新建住房与存量住房的效用评价

对新建公共住房与存量公共住房的供应数量和供应结构进行效率分析，这是公共住房的生产效率(production efficiency)分析。给定住房建设资源，新建公共住房的生产不下降，存量公共住房的生产就不可能增加。提高存量住房的使用效率，可以防止住房过量供应或提前废弃等情况所带来的社会资源浪费。

在处理新建公共住房与存量公共住房的关系上，很多国家都历经了从大规模公共住房建设到充分利用存量住房的转变。美国公共住房新建项目开始于1937年第一部《住房法》，至20世纪80年代，期间虽受第二次世界大战以及多次政府更替以及《住房法》政策调整的影响，仍然能以10年一个建设周期的高速增长。直到1994年美国公共住房的数量达到顶峰后(140万个单位)，新建公共住房开始收缩，更多的住房资源被用于对现有公共住房的保护(包括巨大的设施更新费用和运营补助费用)和再开

---

[1] 第一，一定存在生产效率(production efficiency).在投入既定的情况下，生产行为能够获得最大产出。第二，经济必须实现交换效率(exchange efficiency)在收入和价格既定的条件下，应以效用最大化的方式来安排交换。第三，经济必须实现产品组合效率(production mix efficiency)，在生产技术和消费偏好既定的条件下，应生产出最优产品组合，即生产出来的产品就是个人所需要的产品。参阅【美】约瑟夫·E.奇蒂格利茨著，《公共部门经济学》，中国人民大学出版社2005年版，第53页。

发(对衰落的公共住房进行维修、翻新或者重建)。1993 年启动了以重建衰落的公共住房为主要内容的希望 6 号计划,从 1993 年到 2004 年间,希望 6 号计划资助摧毁了超过 15 万个衰落的公共住房单元,同时投资超过 55 亿美元重新开发了 224 个公共住房项目,在没有新建和扩大公共住房规模的前提下改变了公共住房的面貌。[1] 在德国公共住房政策也经历了从 1950 年《第一部住房建设法》到 70 年代初的住房建设热潮时期。当缓解住房紧缺状况的任务在所有原西德地区都已经基本完成,新建公共住房在解决住房问题上的社会边际效用明显下降。1982 年,据国土规划与房屋建造部门统计,联邦德国拥有家庭 2 530 万个,住宅总量约 2 610 万。此时,纯粹的扩大供应不再是住房政策的核心目标。[2]

2. 层级配置和梯度消费的效用评价

对各类公共住房的流动规模和流动结构进行效率分析,提高公共住房的使用效率,防止各类公共住房与使用者的阶层固化和阶层错位,这是公共住房的交换效率(exchange efficiency)。即不管是何种类型的公共住房,都要到评价最高(需求最大)的住房者手里,实现住房阶层与住房类型的最优匹配。

3. 住房类型供应与选择的效用评价

对多种公共住房的类型组合进行效率分析,增加公共住房的类型选择,防止公共住房供需在数量和类型上的单一化。这是公共住房的产品组合效率(production mix efficiency),保证提供的公共住房类型就是个人所需要的产品。假如个人对廉租房的评价高于对经济适用房的评价,并且提供廉租房的成本低于经济适用房,那么,就应该提供更多的廉租房。

我国目前对公共住房政策的效率性分析,出现了一些结构性偏差。以廉租房为例,据我国人口普查资料测算,全国城镇人均住房建筑面积低于 13.3 平方米(按照基本住房保障标准加权平均)的城市低收入家庭约

---

[1] 美国公共住房相关数据资料、表格参数参见【美】施瓦兹著,《美国住房政策》,黄瑛译,中信出版社 2008 年版。

[2] 李超君,张鸣,《从大规模公共住房建设到有针对性的住房供给——二战后德国公共住房政策的发展和演进》,《生态文明视角下的城乡规划——2008 中国城市规划年会论文集》。

1026万户，占城镇家庭户数的6.5%。其中，低保户家庭343万户，低保以上、最低收入线以下家庭288万户，其他低收入家庭395万户。后两种城市住房困难家庭（约680多万户），即无力购买经济适用房，也不符合廉租房制度保障的条件，属于缺乏任何住房制度保障的城市住房困难户。[1] 面对巨大的廉租房供应缺口，目前的应对机制的主要问题有：第一，没有考虑比较新建住房和利用存量住房在解决住房困难上的效用评价，有些地方甚至偏离了改善最困难群众的基本住房条件的工作重点，而去追求全面推进城市旧城区改造和农村房屋建设，有些地方在保障性住房建设中，过多考虑亮化城市，美化乡村，改善城乡面貌等非住房保障的效用评价上。第二，缺乏对各类公共住房的流动规模和流动结构进行效率分析，在很多地方原本应该由中低收入者获得的各类公共住房，却被中高收入阶层篡夺，甚至出现开宝马、奔驰的业主入住经济适用房小区的极端现象。[2] 公共住房不仅阶层错位，公共住房所有者和使用者阶层固化。很多地方公共住房小区规划偏远、配套设施不全，就业、医疗、教育、交通等成本高企，一方面有众多中低收入阶层住房需求不能满足，另一方面，新建的各类公共住房小区空置，两头积累导致公共住房缺乏交换效率。[3] 第三，缺乏对住房类型供应与选择的效用评价。不少地方只局限于单一的廉租房新建上，怠于开发创新或者启用其他公共住房的类型，公共住房供需在数量和类型上单一化。不仅面临资金配套困难、保障标准偏高、维护管理成本难以落实等诸多困难，也无法通过多种公共住房的类型组合提高公共住房供应效率。

---

[1] 建设部课题组，《多层次住房保障体系研究》，中国建筑工业出版社2007年版，第27页。

[2] 配置游泳池、超大停车库、豪华会所，甚至楼中楼、别墅的“经济适用房”小区严重偏离了公共住房的立法初衷。http://news.qq.com/photon/shijie/single/affordable_house.htm? pgv_ref=aio2012&ptlang=2052，2012年11月22日访问。

[3] 2012年11月19日，位于北京芍药居的大量空置经适房被曝光，参见http://news.qq.com/photon/shijie/single/affordable_house.htm? pgv_ref=aio2012&ptlang=2052，2012年11月22日访问。

第三节　公共住房的法制理念

对社会弱势群体和住房基本权益的共同关注，是20世纪90年代以来推动公共住房相关立法、司法和行政实践发展的主要动因。公共住房法制建设的基本任务是将居住、保障、预防等社会价值目标转化为特定的公共住房法律规则和法律标准。

一、"所有"向"使用"转化的价值取向——居住功能的回归

(一) 公共住房在权利位阶中的定位

在宪法上，基本权利存在位阶秩序。[1] 这是公法学者在解决权利冲突时，在利益排序基础上创造性地提出的"价值阶层秩序"理论。权利冲突是永恒存在的，权利冲突往往是权利内含或代表的不同利益相互间对抗的结果。法律的作用之一就是调整或调和这些相互冲突的利益，诚如美国法哲学家E.博登海默所指出的那样："这在某种程度上必须通过颁布一些评价各种利益的重要性和提供调整这种利益冲突标准的一般性规则方能实现。"[2]这种调整或调和被看成是对权利包含的利益的价值评价以及在多种利益比较中引致的利益排序。法律的目的就在于"以赋予特定利益优先地位，而他种利益相对必须作一定程度退让的方式来规整个人或团体之间的被类型化的利益冲突。"[3]

根据权利位阶理论，性质各异的各种基本权利，在一段时间内，是特定国家最一般性价值观念和社会"共同信仰"的法律表达，它们并非毫无关联地并行适用，而是组成一个基本权利等级秩序。在这个等级秩序中，

[1] 关于权利位阶理论参阅[德]拉伦兹，《法学方法论》，商务印书馆2005年版，第218页；张平华，《权利位阶论——关于权利冲突化解机制的初步探讨》，法律科学（西北政法学院学报），2007年第6期；马岭，《权利冲突与权利位阶》，《云南大学学报法学版》2008年第5期等。

[2] [美]E.博登海默，《法理学：法律哲学与法律方法》，中国政法大学出版社1998年版，第413页。

[3] [德]拉伦兹，《法学方法论》，商务印书馆2005年版，第1页。

某些基本权利的位阶高，某些基本权利的位阶低。❶ 新中国成立之初，我国的制宪者们大量借鉴苏联宪法，强调阶级斗争，采取从政治权利到公民权利再到社会性权利的排序。❷ 1982 年《宪法》，仍然没有脱离移植苏联宪法的影响，确立了政治权利和自由优位，人身、人格权利次之，经济、社会和文化权利较低的基本权利位阶顺序。2004 年《宪法》修正案以后，基本权利位阶顺序则调整为生存权利和人身、人格权利优位，政治权利和自由次之，而以经济、社会和文化权利为较低。❸ 在三次《宪法》修订中与财产物质利益为内容的私有财产权始终处于基本权利价值体系中最后的位阶顺序，而以人身利益为内容的生存权则超越了政治权利和自由获得了排序最前，效力最高、限制最少、价值最重的基本权利的地位。“在良好的环境中适宜于人的住所，是所有居民的基本人权”❹，获得并享有适合的居所是“人的一种不言而喻的天生权利，是来源于人的尊严需求”的生存权利。公共住房在我国宪法所保护的基本权利位阶中，以争取所有人基本住房权益为要旨的公共住房权是处于权利位阶最顶端的基本人权，是宪法层面的公民基本生存权范畴，而以所有为核心的住房财产权是处于权利排序中相对后置的私权范畴。

（二）公共住房权利体系的核心价值

划分宪法权利位阶的意义在于对公共住房立法的指导和规范。宪法基本权利位阶秩序对公共住房立法具有效力，理应成为规定公共住房基本权利秩序的标准。这意味着：在权利位阶秩序上，《公共住房法》应当与《宪法》保持一致。在宪法上住房权实际涉及在权利位阶第一顺序的基本生存权和第三顺序财产权，与宪法权利位阶对应，在住房的权利体系中应

---

❶ 虽然依据权利位阶规则获得的权利优位的确定性、绝对性存在不同看法，但在权利的体系中，权利位阶的存在已是一个不争的事实。参见林来梵、张卓明，《论权利冲突中的权利位阶——规范法学视角下的透析》，《浙江大学学报（人文社会科学版）》2003 年第 6 期；王崇华，《权利位阶的反思》，《社会科学论坛》2009 年第 4 期等。

❷ 涂四益，《五四宪法之公民权利义务规范的特点——兼论与苏联 1936 年相关宪法规范的区别》，《法学评论》2011 年第 4 期。

❸ 董书平，《基本权利位阶秩序与私法》，《青海社会科学》2009 年第 5 期。

❹ 《人权宣言》第 25 条第 1 款，《公民权利和政治权利国际公约》第 11 条第 1 款，1991 年联合国《General Comment No. 4(1991) The Right to Adequate Housing》。

该体现和反应两个层次的权利，一是基本生存权层面的住房权，二是财产权层面的住房权。后者在现有的私权体系中是由关涉财产权益的债权和物权等财产法系统组成和调整，而前者目前的权利制度只停留在部门规章的层次，大量的生存权层面的住房权利问题是由政策填补，[1]这造成了住房的权利建构与宪法权利位阶的错位。为此，在私法领域确立公共住房的权利制度时，首先，明确区分普通商品房的权利体系与公共住房的权利体系。公共住房权利体系对应着宪法生存权利，商品房权利体系对应着宪法经济社会性的财产权。前者只能借鉴、参考后者的经验，但不能完全照搬或者复制。在公共住房权利制度建构时，人民的居住权才是公共住房权利体系应该重点关注并通过立法确实保障的，而并非仅仅是对财产归属的确认与赋予。公共住房的立法理念不应遵循商品房以私有、支配、排他为核心的价值取向，而应确立以居住权益的实现和居住功能的最大效用为基础的判断标准。其次，公共住房私权体系关注住房使用功能的最大化而不是交换价值的实现，恢复公共住房原有的居住本质，满足公共住户最迫切最核心的使用住房的需要。公共住房的居住者无论享有的是房屋的所有权还是房屋的使用权，也无论享有的是完全的所有权、有限的所有权还是公私共同的所有权，既不妨碍也不减损他在公共住房使用、维修、管理中参与、干涉、支配的权利，是“居住事实”而不是“权属性质”决定居住者在公共住房中的权利享有与权利行使。从世界各国公共住房的实践看，是住房的使用而不是住房的归属是其制度建构的核心价值。根据联合国统计，美国出租房所占总住房的比例是30%，瑞典60%，瑞士65%，英国有三分之一的住房是政府廉租房，德国柏林三分之二的人口是租房居住，法国规定大城市必须建设占其总房面积15%～20%的廉租房。房屋权属层面的差异性并没有影响或妨碍公共住房权利体系的建立。

---

[1] 目前最相近似也是最高位阶的法律法规《经济适用住房管理办法》、《廉租住房保障办法》都只是几个部委的联合规章，虽然包括广州、上海、北京、天津、重庆、成都、杭州、长春、深圳、厦门等在内的多个城市的公共住房制度试点工作正在开展，也出台了适合各地情况的公共住房各种管理试行办法，公共住房私权调整呈现出地方化特点，往往考虑当地的地理环境、人均收入、地方财政、经济发展以及地方政府管理成本等地区差异，缺乏站在全国层面，能全面反映生存权状态的全局性、共通性的公共住房权立法。

二、阶层分化基础上的类型化住房保障——保障功能的回归

（一）公共住房的保障覆盖人群

目前我国公共住房覆盖人群远不能满足实际需要。第一，我国公共住房形态包括“限价房”、“经济适用房”、“廉租房”、“公共租赁住房”等，在具体公共住房分配上没有将这些公共住房类型与特定阶层的居民对应联系，造成公共住房每种类型申请者的定位不准，标准不明；第二，现在城市移居人口平均已占户籍人口的一半，如果算上其未能同行的家属，应该已与城市户籍人口持平[1]。城市中一部分拥有太多和太大住宅的同时，一半以上的常住人口由于不“具有当地城镇户口”，没有被纳入到公共住房保障覆盖人群。第三，公共住房保障标准偏高，保障人群失当。有的城市廉租住房建设标准达到每平方米 2500 元左右；有的城市将保障对象的收入标准提高到人均年收入 10000 元左右，扩大了廉租住房的保障范围，增加了政府保障的难度。有的地方为推进农村旧房改造，对富裕农户也给予了资金补助，有些农户改造后的住房面积很大，用于出租。

针对这些问题，首先，从各国实践看，虽然存在像瑞典、新加坡那样高福利国家，其对公共住房实行普遍受益原则，并不仅针对收入低下的人群，而是向全国提供价格合理的优质住房，可以惠及全国大部分国民，如新加坡有近 90%的家庭居住在组屋。但大部分国家对公共住房是以社会阶层划分为基础，只面向中低收入家庭，保障中低收入阶层的基本居住权利。我国作为发展中国家，公共住房的保障覆盖人群也只能首先满足中低收入阶层的基本居住需要。其次，在具体确定公共住房保障群体的范围时，以“住房支付能力”为基础的家庭最大住房支出的计算公式被引入：

（1）城镇家庭可支配收入扣除了个人缴纳的社会保障支出。

（2）可支配收入中扣除掉城镇居民家庭基本消费需求支出（不包含居住基本消费需求支出）之后，所剩的收入就是居民家庭所能承受的最大住房支出额。

---

[1] 以城市生活的“农民工”为例，据统计 1999 年达 8200 万人，2000 年达 8400 万人，2002 年达 9460 万人，2003 年达 1.14 亿人，2006 年将近 3 亿人。数据来源李斌，《分化的住房政策——一项对住房改革的评估性研究》，社会科学文献出版社 2009 年版，第 227 页。

(3) 最大住房支出比例减去水电燃料及其他、居住服务费之后,可以得到居民家庭租房或买房的最大月支出比例。

(4) 根据居民家庭住房最大月支出比例可以划分为 7 个等级,即最低收入户、低收入户、中等偏下收入户、中等收入户、中等偏上收入户、高收入户、最高收入户。

其中前三个等级最大租房或买房的月支出标准为家庭可支配收入的 50%以下,这三类家庭都可以纳入公共住房保障范围内。

表 1-2　　2004 年不同收入阶层所能支付的最大住房支出比例

住房支付能力(等级)	不同收入家庭(递增)	2004 年
1	最低收入户	-9%
2	低收入户	30%
3	中等偏下收入户	48%
4	中等收入户	62%
5	中等偏上收入户	72%
6	高收入户	79%
7	最高收入户	88%

(二) 公共住房的层级受惠保障

公共福利作为一种社会资源,其分配规律是与私人财产增长反向运作,个人财产越多从公共福利系统中获得的利益就越少,不同消费能力的保障对象从公共住房政策中受益不同。但目前我国的问题是:社会中的上层或精英阶层有较强的寻租能力,他们的寻租导致了住房挤压现象,即上一阶层侵占下一阶层的住房利益,最终使城市中弱势群体的住房利益无法得到应有的满足。比如由于缺乏明确系统的立法规范,公共住房建设大量由政府政策(地方政府政策)指导。2011 年为了保证国务院 11 月底前 1000 万套保障房全面开工的要求,各地政府都放开了政策,允许和鼓励诸多企业单位集资房、事业单位中转房建设。以北京为例,鼓励机关及企事业单位建公租房,鼓励产业园区建公租房,鼓励农村集体组织建公租房。结果各地都出现低价超标豪华福利房。"不少老职工已有住房，不少人将这内部认购资格放在市场上转手卖掉获利"❶。针对公共住房阶层挤压现象，法律制度应严格规定：

1. 公共住房的层级分配

承认具体的人在社会生活中事实上存在的财产差异和收入区别，将社会居民按照社会财富分配和收入增长的机会和能力划分为高、中、低不同的阶层，为不同阶层的居民提供适当的住房，对其实行不同的住房供应法制调整。可以将公共住房申请者根据财产收入状况从低到高划分为 4 个等级，即最低收入户、低收入户、中等偏下收入户、中等收入户，其分别享有 4 种不同类型公共住房：廉租房、公共租赁房、经济适用房、限价房，这些公共住房类型内涵的住房保障福利呈梯度递减，处于劣势者能够获得更多的住房福利。各类公共住房与各层级公共住户之间建立起清晰明确的对应关系，并由公开透明的程序制度保障，既符合公共住房公平的正义标准，也满足公共住房效用最大化的要求（如前所述），更能防止和杜绝社会上层或精英阶层在公共住房中的寻租行为。

表 1-3　　层级受惠的住房保障原则

住房（类型）	高档商品房	普通商品房	公共住房
居民（收入）	高	较高	较低
公共福利	少	较少	多
政府财政（投入）	少	较少	多

2. 公共住房的梯度消费

目前的公共住房法律制度对各类住房准入和退出条件的设定是静止的，没有考虑到居民经济条件以及公共住房的居住条件动态变化的可能，缺乏相应的调整机制。以经济适用房为例，1994 年，国务院颁布的《关于深化城镇住房制度改革的决定》，首次提出了建立以中低收入家庭为对象的、具有社会保障性质的经济适用房供应体系。建设部、财政部等部门根

❶ 张育群，《保障房为谁而建？》，《南方周末》2011 年 11 月 13 日第 13 版。

据该“决定”的指导精神，在同年出台了《城镇经济适用住房建设管理办法》，由此，经济适用房制度正式产生。虽然经济适用住房被明确定义为：“政府提供政策优惠，限定套型面积和销售价格，按照合理标准建设，面向城市低收入住房困难家庭供应，具有保障性质的政策性住房。”然而当受助家庭的收入向上浮动、经济条件改善以后，其拥有的经济适用房很可能通过出租而成为其投资的工具，难以用来解决其他中低收入家庭的住房困难。尽管《经济适用房管理办法》中第33条规定“个人购买的经济适用住房在取得完全产权以前不得用于出租经营”，但是这在实践中很难监控，许多城市的经济适用房成了一种投资工具，大大背离了经济适用房满足基本住房需求的初衷。❶

各类公共住房与各层级公共住户之间具有的对应关系总是相对的，即这种对应关系会因为消费家庭的财产收入状况的变化(财产收入状况改善或者恶化)而发生变动。各类公共住房与各层级公共住户之间的对应关系也应该是经常更新，动态变化的，公共住房立法应及时地反映各类公共住户家庭事实处于的住房能力阶层，并能适当提供与之匹配的公共住房类型，通过准入或者退出机制实行动态的公共住房梯度消费。

表1-4　　梯度消费的公共住房制度

公共住房(类型)	限价房	经济适用房	公共租赁房	廉租房
申请者收入(梯度递减)	中等	中等偏下	低	最低
政府补贴(梯度递增)	少	较少	较多	最多

三、分散布局与混合居住的住房管理——预防功能的回归

居住空间阶层化作为一种以社会阶层分化与居住空间闭合为基础，以空间与资源私有化为特征的居住型态，呈现全球化特征。在发达国家

❶ 政策规定，经适房在住满5年后可转为二手商品房买卖。但一些房屋从交房后便成为出租屋，直至5年后成为商品房投入市场。北京市经济适用房弘善家园小区内，许多窗口贴着招租广告。http://news.qq.com/photon/shijie/single/affordable_house.htm?pgv_ref=aio2012&ptlang=2052，2012年11月22日访问。

城市中，一方面“去工业化”导致城市“下层阶级”(Underclass)的出现并在内城大量集聚；另一方面，伴随着企业的区位选择以及政府的城市更新；企业总部、金融服务业、大型文化及私人服务设施也有向心倾向，富人与穷人毗邻而居造成社会关系的紧张。在发展中国家，大城市的空间破碎化同样严重：跨国公司集聚于核心城市，其外籍管理技术人员的住房需求带来新的利益市场；侨民回本土添置第二套住房形成侨民区；海外投资冲击地方的基础设施及房地产市场，造成城市空间的“马赛克”化❶。在同一个城市里，不同特性的居民聚居在不同层级、不同性质的空间范围内，整个城市形成了一种阶层特征分化甚至相互隔离的居住状况，它们既包括新开发地区，也包括再改造地区，既存在于城市，也存在于郊区，既会是富人邻里，也会有穷人邻里。❷

(一) 居住空间阶层化对公共住房管理的影响

居住空间阶层化对各国的住房管理产生巨大的影响，也由此导致了诸多住房管理的问题。

1. 对政府住房公共管理的影响

20 世纪 70 年代以来，全球各国政府为提高行政管理效率，同时节省公共行政开支而大力推行分权化与私有化。在住房管理上，前者表现为住房空间管治权力的下放以及国家住房福利体制的瓦解，推动地方政府成为住房管理独立的决策单元；后者表现为住房服务职能随住房所有权的外包，从而达到公共收益的最大化及内部成本的外部化。而住房公共管理及服务所留下的空白则由业主委员会等自治机构及私有管理模式所填补。我国从 20 世纪 90 年代末期开始经历这一过程：新的住宅小区兴起以及职工住房房改后，原本负担着整栋楼房或成片小区管理职责的各城镇的公房管理部门和各单位的职工住房管理部门逐渐退出了管理，然而新的私人管理机制并未能及时形成。在这样一种特定条件下，公权力退出所留下的空间未能为私权机制所填补，成为有关住房纠纷的源头之一。在此情形下，国家和各地方也相应地出台了一些类似于物业管理条

---

❶ 刘晔，李志刚，《20 世纪 90 年代以来封闭社区国内外研究述评》，《人文地理》2010 年第 3 期。

❷ 秦瑞英、闫小培、曹小曙，《国外城市封闭社区及其治理》，《经济地理》2005 年第 3 期。

例之类的法律规章。只是有关的规章通常将焦点集中于协调处理业主、业主大会，以及物业服务方之间的权限和责任，虽然也取得了一些成效，但仅仅协调调整业主、业主大会和物业三方关系，未必能真正地解决问题，例如物业服务方究竟应如何定位？它是否真的仅仅是受业主暨业主大会的委托的服务性机构而不兼带地行使某些公法职能？如果是，那么城市房屋管理中必要的公法职能又应由谁来行使？

2. 对私人住房自治管理的影响

Webster等借用公共选择学派的“俱乐部理论”（Club Realm Theory），重新发掘住房社区私人自治的经济意义❶。认为封闭住房小区既非公共领域也非私人领域，而是俱乐部领域（Club Realm）；社区当中的基础设施及公共服务对内共享，对外排斥，并通过捆绑的形式附在私有产权当中一并销售；通过契约形式社区成员享有同等服务并承担共同的责任。Wu指出俱乐部理论同样适用于我国的单位大院及住房小区，即作为一种低交易成本与高使用效率的住房消费空间而存在❷。然而对于住房小区的自治管理的效能和作用，却存在从理论到实践分歧，Manzi等对英国的实证研究指出，住房小区内部表现为一种高效的自治管理机制，有助于社区内部的融合❸。有学者指出发展中国家的社会分异本来就十分显著，其变化独立于居住空间阶层化之外而存在❹，Wu比较住房改革前后两种住房体系，指出我国社区内部的社会结构由混合转向均质，不仅不同社会群体之间的交往有所减少，新社区中居民对社区活动的参与热情也大幅降低❺。在我国伴随着住房体制改革中的房屋产权变化，私权成为房屋使用的支配力量，控制着房屋使用、维修、改建的主要环节。自治则成

---

❶ Webster C, The nature of the neighbourhood, Urban Studies, 2003, 40(13), PP. 2591-2612.

❷ Wu F L, Rediscovering the ‘gate’ under market transition: From workunit compounds to commodity housing enclaves, HousingStudies, 2005, 20(2), PP. 235-254.

❸ Manzi T, Smith-Bowers B, Gated communities as club goods: Segregation or social cohesion?, Housing Studies, 2005, 20(2), PP. 345-359.

❹ Alvarez-Rivadulla M J, Golden ghettos: gated communities and classresidential segregation in Montevideo, Uruguay, Environment and Planning A, 2007, 39(1), PP. 47-63.

❺ Wu F L, Rediscovering the ‘gate’ under market transition: From workunit compounds to commodity housing enclaves, HousingStudies, 2005, 20(2), PP. 235-254.

为在政府组织与私人之间发挥作用的一种主要住房管理机制。然而在住房社区内部房屋使用者、房屋所有者的联系疏离、共同意识薄弱，社区内部并非完全均质，始终存在内部的猜疑与冲突，很多房屋使用者认识不到应承担的共同义务。在社区外部职业分化导致了贫富分化以及社会阶层的分化。居民的贫富分化趋势、居民自身的观念和行为、居民对居住空间的偏好等对城市空间起着塑造作用，形成了对应的居住区，甚至是社会区类型。形成城市空间发展的“马太效应”，从而推动贫富社区的继续分化发展。❶

在公共住房领域，如何防止和避免贫困集中的“内城问题”和“外城问题”是上述问题的集中体现。“内城问题”是指由于贫困人口在城市中心地带的相对集中，中心城区社区内过高比例的贫困人口，不仅可能使住房居住环境的相对恶化，由此导致的高失业、低收入、离婚、酗酒、吸毒和高犯罪率等一系列社会问题。而“外城问题”是指“贫困集中”导致的社会问题被交织地联系到远离市中心这一关键因素上。即远离旧城市的新镇悄无声息地“收留”了大量来自内城的低收入人口，由此导致的单亲家庭、高失业、低收入、吸毒、酗酒和高犯罪率等一系列社会问题，而将内城问题继续延伸到远离城市中心的市郊或者新城镇，甚至可能引起城市周边区域或者新城镇的“凋萎”或“衰退”。无论是“内城问题”还是“外城问题”都是“居住空间阶层化”的极端体现。即城市规划和住房市场的变化引起穷人在空间上的集中和与其他阶层之间的隔离。

（二）公共住房管理对居住空间阶层化的应对

20 世纪 80 年代以来，居住空间阶层化最典型最集中的外化居住型态——封闭社区以惊人的速度在全球范围内蔓延。❷“虽然封闭居住模式在美国最早起源于寻求与外部世界隔离的富裕阶层居住区或犹太人聚居

❶ 余侃、华朱、菁芮扬，《合并中的隔离——对国外封闭社区发展机制及规划应对的思考》，《现代城市研究》2010 年第 8 期。

❷ 尽管居住空间阶层化对住房管理的影响在理论上存在争议，以社会极化和空间异化为主要内容的“世界城市假说”的真实性也一直没有定论。参见徐苗、杨震，《论争、误区、空白——从城市设计角度评述封闭住区的研究现状》，《国际城市规划》2008 年第 4 期；李志刚、吴缚龙、高向东，《“全球城市”极化与上海社会空间分异研究》，《地理科学》2007 第 3 期等。

区，但去过十年的发展表明，普通中产阶层在世界范围内成为这个消费潮流的主要驱动者。而中国从单位集资房、经济适用房到顶级豪华别墅，封闭住区在旧城改造及新建住区中以其80％的比例成为市场主流的标准开发模式和空间构成形式。”[1]公共住房管理在封闭小区全球化浪潮中需正面回应居住空间阶层化问题。

1. 住房公共管理的应对

居住空间阶层化的出现在一定程度上实际是个人和社会组织空间偏好与选择的结果，是社会分化在空间维度下的集中体现，是附着在人们身上的社会阶层特征，包括政治地位、经济收入、语言、种族、文化等，在居住空间上的结构性表现。这意味着政府可以通过公共政策影响个人和集体的空间选择行为并借此达到优化空间结构的政策目标。

城市规划与设计理论将城市居住空间依照居民交往单位的层级划分为4个有组织的层级结构(表1-5)。

表1-5　城市居住空间层级结构

居住层级	空间范围
城市居住空间	城市范围内(包括市郊)可供全体居民居住使用
大型居住区(城市亚中心)	一般由多个居住小区组成，连接各居住小区的城市交通枢纽及城市绿地、广场、公园、大型商业中心等为公共空间，供各居住小区使用
居住小区	一般有由数个组团组成，连接组团的交通轴及中心绿地、广场、会所、停车场、游乐设施等为公共空间，供小区使用
居住组团	一般被小区道路分隔，并围合与居住人口规模相对应的共用空间和基础公共服务设施，供组团居民使用

在这样的居住空间层级中，政府的住房管理干预可以从大型居住区再到居住小区直到居住组团。在大型居住区建设中，政府应加大公共投入，改善和提高地区性公共设施配置的水平及公共交通状况，特别是中低

[1] 徐苗、杨震，《论争、误区、空白——从城市设计角度评述封闭住区的研究现状》，《国际城市规划》2008年第4期。

收入聚居区的设施水平，这种以社会保障为指导，以公共资源不均衡投入为特征的住房管理，其目的在于缩小地区间的差异，提升社区间生活空间质量水平，防止城市空间分异导致的不同阶层人们间的疏远以至于形成敌对的心理，促进社会各阶层和谐相处。在居住小区的范围内，多中心组团式发展的空间结构能够产生多样化的空间特征，避免过度的商业服务设施集中某一区域，能够从社区服务设施均等化的角度抑制城市不同阶层居民的隔离分区。不同社会背景和社会层级的人群在同一住房区域内，能够平等地共享相同或者相似品质的公共空间——街道、广场、绿地、会所，作为他们聚集、活动、交往的日常生活场所，能够产生传统聚落所具有的可识别性和归属感。在居住组团的尺度内，根据各组团的不同特点，科学合理地安排一些混合用地，使科、贸、工、教等不同职业不同教育背景不同政治阶层的人群相互毗邻渗透，就会在一定程度上增加不同社会背景的居民相互对话的可能。总之，住房公共政策的核心应是空间的合理配置与管制措施，政策的重点应是引入分散布局的理念，追求空间布局的多样化和服务设施的均质化，防止中等收入阶层和低收入阶层的空间分化。

2. 住房自治管理的应对

在城市居住空间层级结构中，居住小区是城市居住空间的基本单位，也是住房自治管理的基本单元，居住组团是城市居住空间的最小单位，也是住房自治管理的最小单位。在居住小区范围内，以居住组团为核心，依据居住空间的私密程度（可防卫空间理论）可以进一步划分为 4 个并列型的空间结构（图 1-1）。

在居住小区自治管理机制中，首先要充分重视邻里空间的作用，充分考虑邻里交往场所对小区居民日常生活的影响，重新认识公共空间和半公共空间在形成人群聚落时所具有心理、文化及社会性因素，保障和促进公开空间和半公开空间在人际交往和社会参与的社会功能。有学者甚至提出应该取消这些小区内部公共空间的封闭边界，以此增加小区居民的社会参与度。“小区的公共设施如广场和会所就变成城市的公共领域。外人的进入客观上丰富了小区居民的社交途径，使居民的生活变得更有

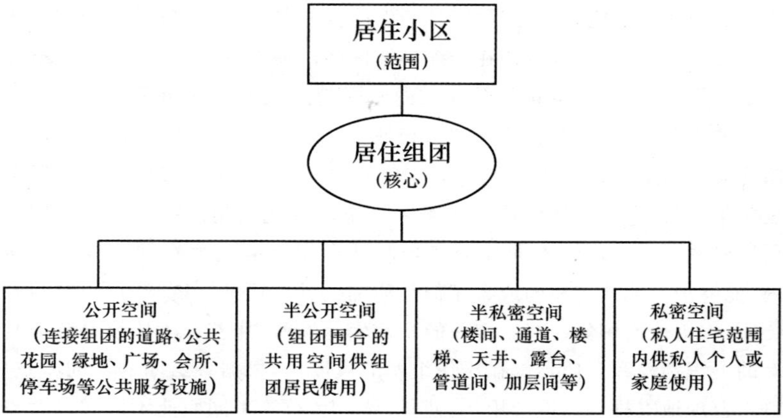

图 1-1　居住小区空间划分

活力。”❶其次要充分考虑不同居住组团在社会地位、经济收入、教育职业及交往方式上的差异，在居住小区自治管理中创造多样化、多层次的交往空间和参与机制。这种多样态的交往和参与机制，即可以是现实中的直接交流与实际活动，也可以是网络社区中的自由研讨与虚拟活动；既能够以业主大会、物业座谈会、住房事项听证会等会议形式出现，也可以以文艺汇演、二手货出租、出售、物业家居情报资讯报告等形式展开。总之，住房自治管理的核心应是居住人群的相互交往和社会参与，干预的重点应是引入混合居住的理念，追求居住人群的社会参与度和交往机制的多样性，使不同社会背景的居住人群在相互交往、联络、了解、互信的基础上增加社会融合，防止中等收入阶层和低收入阶层的社会隔离。

本章小结

“公共住房”在法律上的含义应该是一个制度体系的概念，对其的理解不应仅仅只停留在房屋实体的层面，或者局限于公有的权属性质上。公共住房所包含的保障公益也是权利客体内含“法益”的应有之意，它也隐喻着私法调整的空间。公共住房是与商品房相对的，同时满足“公平的

---

❶ 高翔、张楠，《封闭式小区的利弊及其对策》，《山西建筑》，2006 年第 10 期。

正义”和“经济的效用”两个制度结构评价标准，由政府起主导作用，涉及住房开发建设、住房交易流动、住房使用管理等诸多环节的住房法制体系。在宪法权利位阶的定位决定了公共住房法制体系由“所有”向“使用”转化的价值取向，住房的使用成为公共住房法制体系架构的核心，而非对财产归属的确认与赋予；公共住房的层级分配和梯度消费不仅能覆盖适当的保障人群，还能及时反映保障人群更新的动态变化，确保公共住房法制体系保障功能的实现；分散布局与混合居住的住房管理则是面对社会极化与空间分化在公共住房法制体系的应对。

第二章 公共住房的主体形态研究

第一节 国家型态的公共住房

公共住房制度的典型特征在于政府干预的普遍性。公共住房普遍存在国家(中央政府和地方政府)为改善中低收入阶层住房质量、数量、价格以及所有权和使用权而设计的住房措施。

一、国家对公共住房的干预

从整体上看,国家对公共住房的措施主要包括目标、内容、结构和程序四个方面。目标主要依据《住房全球战略》第32段所要求的"确定发展住房条件之目标,确定实现这些目标可利用之资源及利用这些资源最有成本效益之方法和建立实施必要措施的责任制和时间框架的全国住房战略"。内容主要包括住房资源、目标人群、权属性质等制度内容,涉及公共住房营建、使用和管理等环节。程序指住房政策制定、实施和接受的某种固有过程,即政策制定、实施和成果评价的方式。结构是国家在公共住房政策措施中的作用、影响、组织和运行机制。

(一)国家对公共住房干预的权源

1. 国际法权源——人权理论的国际规范

住房权("the right to an adequate house"或"the right to house")是基本人权,这已经得到国际社会的广泛认可,并在多个国际公约中明确规定。《国际人权宣言》、《公民权利和政治权利国际公约》、《经济、社会和文化权利国际公约》、《消除一切形式种族歧视国际公约》、《消除对妇女一切形式歧视公约》、联合国经济、社会和文化权利委员会的《第三号一般性意见》、《第四号一般性意见》、《第七号一般性意见》等国际规范性文件都规定了居住的自由和权利,构成了国家对公共住房干预的国际法渊源。《世界人权宣言》以第22条❶和第25条❷的规定明确了国家住房保障义务。《经济、社会和文化权利国际公约》第2条第1款❸被认为是有关国家对经济、社会和文化权利实现所负义务的最权威的阐释。经济、社会、文化权利委员会在《第三号一般性意见》中规定，根据《经济、社会和文化权利国际公约》各缔约国应承担“最低限度的核心义务”，并进一步指出“委员会以其前身十多年来审议缔约国报告所积累的大量经验为基础，认为每个缔约国均有责任承担最低限度的核心义务，确保至少使每种权利的实现达到一个最基本的水平。因此，如果在一个缔约国内有任一较大数目的个人被剥夺了……基本住房……该缔约国就等于没有履行《公约》下的义务。”

以这些主要国际法文件的要求和标准为依据，多国在宪法等基本法中明确规定了公民享有住房保障的权利以及国家对住房权益的保障义务。比如《德意志宪法》第111条规定：“一切德国人民，在联邦内享居住和迁徙自由之权，无论何人，得随意居留或居住于联邦内各地，并有取得不动产及自由营生之权。”据统计，截至2008年底，包括中国在内有120个国家在其宪法中表达了住房权内容；有21个国家28个法律或法案规定和涉及保证住房土地使用权安全；有5个国家8个法律或法案规定和涉及专门的反对强制驱离；有7个国家13个法律或法案规定和涉及住房歧视方面；有17个国家33个法律或法案主要规定和涉及有关贫困群体取得可负担得起住房；有8个国家12个法案规定和涉及有关住房财产取得方面；有11个国家18个法律或法案规定和涉及住房和财产归还；有1个国家通过了人类住房的隐私性和健康性方面的法案；有4个国家法案规

❶ 第22条的规定：“每个人，作为社会的一员，有权享受社会保障，并有权享受他的个人尊严和人格的自由发展所需的经济、社会、文化方面各种权利的实现，这种实现是通过国家努力和国际社会合作并依照各国的组织和资源情况。”

❷ 第25条：第1款规定“人人有享受为维持他本人和家属的健康和福利所需的生活水准，包括食物、衣着、住房、医疗和必要的社会服务；在遭到失业、疾病、残疾、守寡、衰老或其他不能控制的情况下丧失谋生能力时，有权享受保障。”

❸ 第2条第1款规定“本公约每一缔约国承担最大限度地利用其现有资源，个别采取步骤或经由国际援助和合作，特别是经济和技术方面的援助和合作，采取步骤，以便用一切适当方法，尤其是采取立法措施，逐步达到本公约中所承认的权利的充分实现。”

定和涉及无家可归方面的住房权利。[1] 基本形成了以国际法主要文件为核心，涉及多国宪法等基本法的国家住房保障义务和责任法律体系。

我国加入联合国《经济、社会和文化权利公约》意味着我国对保障人权作出的庄严承诺。我国政府在联合国第二次人类居住区大会上也曾庄严承诺："将从土地供应、资金、技术等方面予以必要和长期的支持和倾斜，并将进一步完善社会保障体系，以其城市基础设施建设，加速制定住宅发展纲要和人类住区的立法工作。"我国在《中国的社会保障状况和政策》白皮书中也将住房保障问题作为一个重要方面纳入整个社会保障体系。我国参加并已对我国生效的一般性国际条约中的公共住房保障规范和专门性国际公共住房保障条约中的保障性规范，包括我国参加或缔结的有关公共住房的双边、多边协定和国际条约及履行这些协定和条约的国内法律等，是我国政府对公共住房干预的国际法权源。

2. 国内法权源

我国公共住房最高宪法渊源是由社会保障内容、国家保障义务以及公民住房基本权利三方面构成的一个统一系统。《中华人民共和国宪法》第十四条规定："……国家建立和健全同经济发展水平相适应的社会保障制度。"第二十六条第一款："国家保护和改善生活环境和生态环境，防治污染和其他公害。"第三十三条第 3 款规定："国家尊重和保障人权。"第三十九条规定："中华人民共和国公民的住宅不受侵犯，禁止非法搜查或者非法侵入公民的住宅。"

宪法之下，由《物权法》、《城乡规划法》、《土地管理法》、《城市房地产管理法》、《建筑法》等构成了第二层次的公共住房基本法律渊源系统。《城乡规划法》第三十四条第二款："近期建设规划应当以重要基础设施、公共服务设施和中低收入居民住房建设以及生态环境保护为重点内容，明确近期建设的时序、发展方向和空间布局。近期建设规划的规划期限为五年。"这是我国以明文形式对中低收入居民居住保障的法律规定。第二十九条第一款："城市的建设和发展，应当优先安排基础设施以及公共服务设施的建设，妥善处理新区开发与旧区改建的关系，统筹兼顾进城务工人员生活和周

---

[1] 以上数据来源于 *United Housing Rights Programme Report No.* 3，4th Edition，2008。

边农村经济社会发展、村民生产与生活的需要。”这是我国对居住保障的特殊人群——农民工住房权益保护的明文规定。《土地管理法》第四十三条第一款：“任何单位和个人进行建设，需要使用土地的，必须依法申请使用国有土地；但是，兴办乡镇企业和村民建设住宅经依法批准使用本集体经济组织农民集体所有的土地的，或者乡（镇）村公共设施和公益事业建设经依法批准使用农民集体所有的土地的除外。”这明确了公共住房土地使用基本制度中国家的所有者地位和管理者地位。《中华人民共和国建筑法》第四条：“国家扶持建筑业的发展，支持建筑科学技术研究，提高房屋建筑设计水平，鼓励节约能源和保护环境，提倡采用先进技术、先进设备、先进工艺、新型建筑材料和现代管理方式。”这明确了公共住房营建中国家的功能和作用。《中华人民共和国城市房地产管理法》第四条“国家根据社会、经济发展水平，扶持发展居民住宅建设，逐步改善居民的居住条件。”这条规定是对《宪法》中国家居住保障责任及其基本原则的贯彻，突出住宅保障在国家房地产建设和管理中的重要地位。第六条：“为了公共利益的需要，国家可以征收国有土地上单位和个人的房屋，并依法给予拆迁补偿，维护被征收人的合法权益；征收个人住宅的，还应当保障被征收人的居住条件。具体办法由国务院规定。”关于房屋征收的条件和补偿规定集中反映了国家对公共住房干预的界限和程度，只能是“为了公共利益的需要”公益既是公权介入的需要也是公权介入的界限。

由《住房公积金管理条例》、《城市房地产开发经营管理条例》、《廉租房保障办法》、《经济适用住房管理办法》、《城镇住宅合作社管理暂行办法》、《国务院关于解决城市低收入家庭住房困难的若干意见》以及各地方性公共住房法律法规构成了我国立法系统中第三层次的公共住房保障法律体系。《住房公积金管理条例》规定住房公积金设立的目的之一是帮助中低收入者解决住房问题。是我国有关公共住房保障金融制度的重要法律依据。它明确规定了在住房公积金的缴存、提取、使用、管理和监督等方面的国家职能职责。《城市房地产开发经营管理条例》是对《城市房地产管理法》关于我国住宅保障制度的落实和细化，是公共住房开发、经营、管理的重要依据。《廉租房保障办法》是由原建设部等九部委联合发布的部门规章，它明确规定了国家各级政府在公共住房中的职能和作用。《经济适用住房管理办法》是为改进和规范经济适用住房制度，保护当事人合法权益而由建设部等七部局委联合发布的行政规章。《城镇住宅合作社管理暂行办法》是 1992 年由当时的国务院住宅制度改革领导小组及建设部、国家税务局联合发布，意在鼓励城镇职工、居民投资合作建造住宅，解决城镇居民住宅困难的部门规章。《国务院关于解决城市低收入家庭住房困难的若干意见》指导思想明确规定："……把解决城市（包括县城，下同）低收入家庭住房困难作为维护群众利益的重要工作和住房制度改革的重要内容，作为政府公共服务的一项重要职责，加快建立健全以廉租住房制度为重点、多渠道解决城市低收入家庭住房困难的政策体系。"除此外还有各地地方性公共住房法律法规也规定了地方政府对公共住房的干预职能。比如《北京市经济适用住房管理办法（试行）》、《上海市经济适用住房管理试行办法》、《上海市发展公共租赁住房的实施意见》、《江苏省共有产权经济适用房试行办法》、《广州市城市廉租住房保障制度实施办法（试行）》等。

（二）国家对公共住房干预的类型

根据国家在公共住房制度中的角色不同，当尼逊（Donnison）将公共住房的国家型态划分为三种：即雏生型（Embryonic）、社会型（Social）、全面责任型（Comprehensive），并比较了三种类型不同特征。❶

1. 雏生型国家

政府对低收入家庭的住房问题较为被动，缺乏系统有效的房屋政策，且政策没有延续性，大都是项目式的临时措施。这一类以墨西哥等发展中国家为代表。该类型的公共住房国家干预还处于起步阶段，与其他两种类型相比，制度很不成熟。

2. 社会型国家

政府将资源和政策重点集中于低收入家庭，市场机制和国家干预被综合运用划定国家、社会和个人之间的权利和义务。住房市场机制优先，强调社会和个人住房福利自治，国家只在宏观组织建构、政策机制监督以及特殊住房困难人群项目上发挥作用。这一类型以美国、加拿大、日本等国家为代

---

❶ 穆怀中，《社会保障国际比较》，中国劳动社会保障出版社 2007 年版，第 277 页。

表，多强调以社会发展及社会公义为政策出发点。特点：第一，国家制定有关公共住房立法，作为政策措施实施的依据❶；第二，国家在制定公共住房政策措施时，重视市场机制的作用。首先，所有扩大社会住房福利或维护住房公正的措施都不得影响市场机制作用，不妨碍人们进取精神的发挥，维护社会公正与经济效用二者的内在统一，这是社会型公共住房国家福利的基本原则。正如社会市场经济创始人艾哈德所说"为了全体人民的富裕，不能让富人变穷，而只能让穷人变富。"❷其次，国家在公共住房中的作用只是对市场机制无法覆盖或者满足的领域进行支持给予便利或者保障。在美国"住房绝大多数是私有的，公共住房只是很小的一部分。公共住房指由联邦政府提供财政支持，由地方住房管理部门建造和管理的低收入家庭住房，在全部住房存量中，公共住房所占比例不足2%"❸。第三，住房管理实行高度自治，国家对公共住房的作用被严格控制。凡是依靠个人或社会力量能够办到的事情，国家就不直接干预。日本公共住房保障政策的特点之一是强调企业内部的互助作用。各企业分别制定住房福利计划，国家尽量避免直接参与。在美国，实行以企业和州政府管理为主，联邦政府支持的管理方式。联邦、州和地方各级政府、社会组织及团体分层次设有管理机构，并尽可能把权限下放到地方和基层，以提高效率。

3. 全面责任型（福利型）国家和地区

政府主动承担起所有国民房屋需要的责任，认为这种责任是经济发展的重要组成部分，政府的干预是长期的，政府根据社会需要和所掌握资源，做出长期的规划，确保在一个较长时期内有足够的房屋供应，如荷兰、瑞典以及新加坡等国家。

---

❶ 美国1974年的《住房与社区发展法案》第8条款（Section 8）规定：凡家庭收入低于本地区家庭平均收入40%以下的家庭作为低收入家庭，均可享受补贴。这个著名的Section 8法案经过30多年的实践证明运行得相当成功。英国《工薪阶级住房法》（*Abusing of the Working Classes Act*），1909年的《住房和城镇规划法》（*Housing and Town Planning Act*，1909）。1980年的《住房法》和1988年的《住房法》（*Housing Act of*，1988）。日本重要的公共住房法有《公营住宅法》、《住宅金融公库法》、《住宅地区改善法》、《地方住宅供给公社法》、《住宅品质确保法》、《地价公布法》等。

❷ 穆怀中，《社会保障国际比较》，中国劳动社会保障出版社2007年版，第47页。

❸ 王洪春，《住房社会保障研究》，合肥工业大学出版社2009年版，第120页。

第一,公共住房制度依法实行,并设有多层次的住房保障法律监督体系。在新加坡,对于申购组屋时提供虚假资料者,当事人面临高达5000新元罚款或6个月监禁,或者两者兼施。第二,国家实行全方位的住房保障制度,保障范围广泛,保障项目齐全,保障水平较高。"普遍性"和"全民性"是全面责任型国家和地区的住房保障原则。新加坡政府推行"居者有其屋"组屋计划将近四十年。在新加坡公共住房用地已经占到全国土地总量的40%。从2006年统计数据看,租住和购买公共住房的人口占总人口的49.2%,新加坡有近90%的家庭居住在组屋。第三,住房实行国家强制管理,国家对公共住房的影响全面而系统。在新加坡,不论是国家兴建组屋还是个人购买的组屋,资金主要来源于中央公积金。公积金是由中央公积金局统一管理的社会公益性强制储蓄。❶ 政府组建了住房发展局,主要负责对中低收入家庭提供住房保障,也承担物业管理服务。住房管理局既是政府机构,有权代表政府行使权利,负责制定住宅发展规划及房屋管理,又是房地产经营企业,负责房屋建设的工程发展及房屋出售和出租。

二、国家在公共住房中的架构

(一)国家在公共住房中的组织型态

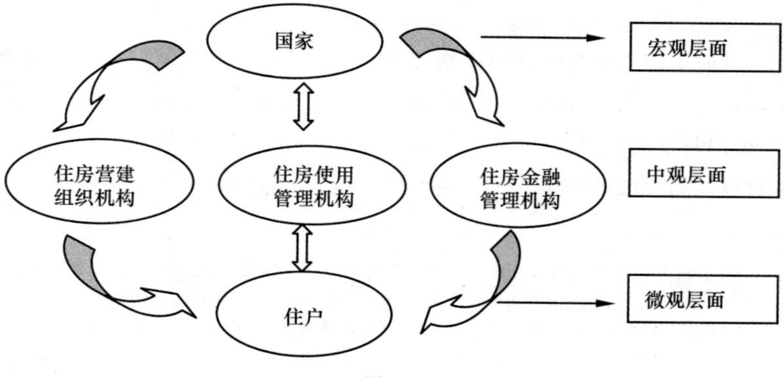

图 2-1

❶ 1995年公积金交费率为10%,1984年、1985年增加到50%,此后曾经为40%。

1. 完全的公营型态

公共住房完全国家公营模式，一般是通过组建公营企业(国有企业)来具体实现。该公营企业具有双重身份和职能，作为政府部门，它制定公共住房政策，为居民提供住房保障；作为住房公司，它既是住房政策的制定者，又是住房政策的具体执行者。

新加坡建屋发展局是这类公共住房公营企业。作为政策的制定者，它是新加坡开发、建设、经营和管理公共住房的唯一权威机构，拥有广泛的立法权，并为实施公共住房政策而在财政、土地、人力等资源方面拥有调配权。作为政策的执行者，它除了为有资格的居民提供出售或者出租的公共住房外，还提供住房物业管理服务，在改善住房建设技术方面也起着积极的作用。还在居民委员会和公民顾问委员会的协助下，为公共住房的社区发展提供支持。新加坡建屋发展局是新加坡最大的住房发展商和物业管理者。[1]

瑞典从20世纪40年代初开始，通过贷款补贴等金融工具，使社会化的政府国有建筑企业代替私营建筑企业在住房供应中起主导地位。到1950年，已有50家这样的享受政府特殊补贴的建筑企业。瑞典国家住房公司联合会(SABO)是其中代表，它管理全国的公共住房，公司不以营利为目的，地方政府以无息或低息贷款方式提供全部资金，政府不收税利，公司只计建房成本，所以住房售价较低。

香港的房屋委员会也是具有公共性和企业性双重属性的特殊法人型公营企业。一方面按照独立自主自负盈亏的商业原则进行经营，成为规模庞大的公营房屋企业；另一方面由财政转拨的发展贷款基金获得贷款作为其营运基金，同时通过收取房屋租金的收入，支付房屋委员会的行政和经营费用及偿还贷款利息。

2. 市场型的公营型态

市场型的公营型态又称“公共住房民营化”，是指坚持公共住房国家主导的情况下，将公共住房资产的经营控制权通过委托代理形式交给民

---

[1] 姚玲珍著,《中国公共住房政策模式研究》,上海财经大学出版社2009年版,第108页。

间住房主体经营。国家主导是前提,民间主体经营是手段。将建设环节以政府主控的形式交给市场完成,由私人机构成立专门的项目公司融资建房,向政府认定的补贴对象提供住房和相应的服务,其收入由补助对象和政府共同提供,经营期满后,公共住房归政府。

美国政府从20世纪70年代开始,减少了直接建房的做法,转而支持私人机构开发建设廉价住房,向低收入家庭供应。政府与公共住房的私有建设机构签订合同,由政府每年向私有机构支付房租和建房及运行成本之间的差额。或者由公共住房私有建房机构向联邦政府住房和城市发展部申请住房补贴,当联邦政府住房和城市发展部同意后,就与私有建房机构签订20年的合同,由其负责支付合理市场房租和低收入住户实际支付租金之间的差额。[1]

以英国为代表的最早将住房问题纳入社会保障体系的国家,历经了由最早政府大量投资建公房到利用市场之手,化解国家干预过渡的转化。其间在完善住房法注重住房行政组织优化的同时,也十分注意提高住房资本市场的透明度,加快住房金融市场自由化的进程,使居民在公共住房治理组织优化中未满足的住房利益,也能在住房金融市场上得到一定实现。在英国,中央政府负责制定住房保障的目标和实施计划,中央财政每年都安排公共住房建房预算,综合各个地方政府的建房情况和低收入居民住房需求情况,按年度向地方政府拨款,由地方政府负责进行公房建设,地方政府首先制定其地方住宅发展战略,制定规划,然后寻求私人投资合作伙伴,建立项目机构,通过这个项目机构向中央政府申请财政资助。英国政府还于2004年修改了《住房法》,要求各城市政府通过规划手段,强制要求新建项目中必须有一定比例的中低价位住房,由开发商建好后以同类商品房价格的70%卖给城市房屋协会,再由房屋协会出租或出售给低收入者。[2]

---

[1] 姚玲珍著,《中国公共住房政策模式研究》,上海财经大学出版社2009年版,第52页。

[2] 建设部课题组,《住房、住房制度改革和房地产市场专题研究》,中国建筑工业出版社2007年版,第25页。

3. 混合型的公营形态

依据民法或者商法，通过政府与各种公共团体混合出资等方式建立法人，从事公共住房的开发建设使用管理，实现政府与非政府组织、个人的混合经营。

日本根据《住房公团法》创立的住房社团，是日本半官方、半民间性质的混合住房开发机构，该机构资金是民间投资和国家贷款，其宗旨是在住房严重缺乏的地区，向收入低的住房困难者提供公寓或住房。从20世纪80年代以后，政府从支持住房直接投资向支持直接投资和间接投资并重的方向转化。政府在继续对公团住房、公社住房建设投资给予补助的同时，大力扶植住房信贷的发展，尤其是民间住房信贷。从1971年到现在日本已有8家以办理个人住房抵押贷款为主要业务的住房金融专业公司。90年代后政府在住房投资融资方面进行了一系列改革，住房成为财政投资性信贷计划的重点，其中，用于支持居民购买、租用住房的民间贷款比重不断上升。

德国利用税收、储蓄、福利等政策性工具，鼓励个人建造、经营、使用公共住房，实现国家与个人的混合公营形式。1950年德国《住宅建设法案》规定联邦政府投资以及联邦政府提供部分援助并给予减免税优惠等方式鼓励私人建房。1956年《住宅建设法案》进一步提倡私人投资建房。德国规定，凡中低收入者为自建住房而参加住房储蓄，可得到政府补贴，当住房储蓄额超过某一界限时，储户可得到储蓄额14%的住房储蓄奖励。另外，自建住房家庭的每个子女也可得到住房建设投资额2%的补贴。移民、青年、多子女家庭以及残疾人申请建房贷款时，还可以得到额外优惠。从1987年开始，自用的私人房屋不再征税。8年内，新建房房主每年可有相当于建设房总费用5%的收入免交所得税。❶

（二）国家在公共住房中的运行机制

国家在公共住房中的运行机制，主要反映国家在公共住房政策中的作用和影响，住房权作为一项基本人权，各国政府对此承担着主要义务，

❶ 姚玲珍著，《中国公共住房政策模式研究》，上海财经大学出版社2009年版，第71页。

但是在国家义务具体现实中，各国对公共住房的干预方式各有倚重，在市场、政府、居民的权利义务分配上形成了不同的运行模式。

（1）在完全的公营模式中，具体承担实现国家住房保障功能的微观组织机构是各种住房公营企业。“公营企业”缺乏统一的定义，较为广义的理解为“国家全部或者部分拥有，并直接或间接进行经营的企业性事业”，或者“作为政府的政策手段，政府以某种形式拥有并参与经营的企业”。[1]在法律地位上，公共住房公营企业属于特殊法人。这类特殊公营企业法人是指有必要由政府承担的、业务性质适合进行企业性经营的某些事业，在一般的行政机关由于各种制度上的限制难以进行有效经营等情况下，根据立法，成立独立的法人，在国家对其所承担的责任进行充分特别监督的同时，其他方面赋予最大限度的自主权和灵活性，使事业得到有效经营。在法律特征上，现实中具有公共性质的组织及事业实体多种多样，其公共性的多寡以及组织、从属关系、经营方式等千差万别，但都具有公共性和企业性双重属性。前者体现在它的目的、从属、经营主体、规制等方面，后者体现在公营企业的经营自主和独立核算。在法律性质上，这类特殊法人既是政府机构或者半官方组织机构，又是房地产开发商和物业管理服务商。这类企业虽然也是依法成立的独立法人，但企业与政府之间具有行政隶属关系；虽然也进行自主经营，但公共性业务对政府资金具有相当的依赖；企业管理人员的选举和任命受政府影响和控制，不具有完全意义上的自主权。新加坡建屋发展局、瑞典国家住房公司联合会（SABO）以及香港的房屋委员会都属于这类特殊法人型公营企业。

（2）在市场型的公营模式中，具体承担实现国家住房保障功能的微观组织机构是各种私人住房企业。这些私人机构是具有独立法律地位的民营法人。①国家或国家性质的机构在制度上以及实际上没有进行投资的、依据商法或者民法成立的独立法人；②企业与政府之间没有行政隶属关系，也没有承包、租赁和控股关系，除依法纳税外，企业财务与国家财政没有其他关联；③这类民营主体须摆脱源于公共性业务对政府资金等的依赖，努力实现自主经营。

---

[1] 江正弘著，《日本公营企业的改革》，上海财经大学出版社1996年版，第11页。

在法律特征上，民营主体具有完全的经营决策权。①在管理人员的选举和任命上拥有自主权；②日常经营所需费用来自事业收入，不依赖国家或国家性质机构的补贴；③在执行企业业务上，不受国家或国家性质的机构的指导，其限制仅来自法律的限制性规定和企业章程。在法律性质上，国家与民营主体是委托代理关系，是建立在市场机制上的合同契约关系。美国对公共住房实行政府导向型市场经济模式，这种模式又称为不干预市场经济模式。因其具备较高经济市场化水平，市场对住房资产具有较强的支持、调整、促进功能，这种模式严格限制政府对公共住房的直接干预。

3. 在混合型公营模式中，具体承担实现国家住房保障功能的微观组织机构是政府和私人联合投资的住房企业。在法律地位上，公私合营住房企业属于特殊法人。它是依法成立的半官方、半民间性质的住房开发机构，该机构资金既有民间投资又有国家贷款，即受公司章程、设立目的等内部监督，也受政府住房主管机关的外部监督。在法律特征上，公私合营企业的方式多种多样，具有公私混合性质的组织及事业实体多种多样，其公共性的多寡以及组织、从属关系、经营方式等千差万别，具有公共性与企业性混合的属性。在法律性质上，企业与政府虽然不存在直接的行政隶属关系，但却存在投资企业与投资者之间的股权关系；其公共性业务对政府资金虽然没有像完全的公营企业那样紧密的依赖性，但仍然深受国家住房金融政策变化的影响；企业管理人员的选举和任命因政府在合营中的股权比例不同而受不同的影响，政府公权对企业自主权的干预是通过市场投资行为来实现。日本的住房社团、德国的协会都属于这类公私混合型的住房企业。

三、国家在公共住房中的定位

国家在住房政策结构中的作用和影响是由运行机制的不同特征以及社会经济条件的背景情况来决定。不同的干预方式依靠不同的社会经济背景支持，反映公共住房国家治理结构的不同理念。

（一）公共住房完全公营模式依靠公共管理集中理念和高税赋制度支撑

“人民的福利是最高的法律，凡是有利于社会和一般人民的事，总会证明是正当的，适合于选举人民的代表，组成政府的组织机构。”[1]国家对公共住房的直接干预来源于近代的人权思想，为了保障人民普遍的基本的居住权利，国家通过建立具有权威性（往往既是住房行政机关又是住房开发企业）的住房组织机构，统一负责公共住房的规划、建设、租售和管理，实现公共行政的集中高效，在公共住房的社会满足上采取政府提供的方式，不仅公共住房地点的选择、小区的规划和住房格局的设计、住房资金的融通、住房材料的供应甚至生产、分配、租售等各个环节由政府直接控制。同时住房资本流通性较弱——公共住房往往限制流动或者禁止流通，住房金融资本市场相对不活跃（与英美等住房金融市场比较而言），主要通过强制性的全民储蓄、社会保险、行政赋税来保证人们的住房需求，在政府权力高度集中以及普遍的强制税赋的经济条件下，为保证公共住房不偏离人类基本生存权利的要求，国家直接干预型政府往往十分强调和完善国内法治环境的建设。公共住房治理结构的优化主要依靠住房机构经营管理权力分配和法治完备的高税赋制度实现。

（二）公共住房市场型公营模式依靠公共管理分权理念和发达的住房资本市场支撑

20 世纪 70 年代以来，全球各国为提高住房公共管理效率同时节省行政管理开支而大力推行住房分权化与私有化。国家对公共住房的间接干预集中反映公共管理分权理念：政府权责在垂直方向的分权与下沉以及公共服务职能在水平方向的私有与外移。前者表现为住房空间管治权力的下放（由中央或联邦政府下移给地方政府）以及国家住房福利体制的瓦解；后者表现为住房服务职能随住房所有权的外包——公共管理及服务所留下的空白由业主委员会以及住房开发等自治机构及私有开发模式所填补。同时住房金融市场发展充分，主要通过财政、税收、金融等间接手段帮助中低收入者解决住房问题。有一个以住房贷款制度为主要内容的成熟的住房金融体系，不仅包括发放住房抵押贷款的储贷机构和监管储贷机构，有些国家，比如美国，还包括为住房抵押贷款创造流动性二级市场的政府或准政府机构，资本市场实现高效、透明、自治管理。依靠政府

---

[1] 参见约翰洛克著，《政府论两篇》，赵伯英译，陕西人民出版社 2004 年版，第 220 页以下。

贷款、利息补偿等财政金融优惠措施，鼓励和引导社会资源向住房建设倾斜，动员私人投资和非营利机构建房，以有效解决住房短缺和房价畸高的问题。公共住房治理结构的优化在很大程度上凭借住房金融市场对住房使用者的筛选、约束、激励、监督机制。

（三）在全球一体化进程中的相互渗透——公共住房混合型公营模式的发展趋势

杰里米·边沁的"两分系统"被认为是用来分析和说明事物重要理性工具，"要获得确定的知识，我们就必须把所有的知识都划分成相互排斥的'两支'，我们才能在思想上确定它们是否穷尽了该事物的内容，并能用语言表达我们的判定"，但同时社会进程又往往产生非典型性的事物，"我们不再能简单地接受'非此即彼'的真理，而是表明了'亦此亦彼'的性质"。[1] 在全球一体化的进程中，无论是以瑞典、新加坡、中国香港地区为代表的国家或地区直接干预模式，还是以美国、英国为代表的国家间接干预模式，也在相互渗透，出现了国家干预与市场调节相结合，政府与非政府组织、政府与个人合作的混合型政府干预的发展趋势。美国虽然住房金融市场比较发达，公共住房国家管理可以持续地依赖住房金融市场的优化。但是美国联邦以及各州也在不断修改自己的住房法，加强国家干预在公共住房管理结构中的影响。为解决住房贷款由于时间周期长而产生的利率风险、流动性风险以及违约、提前支付等风险，美国政府通过设立一系列政府机构，创造了抵押贷款支持证券（MBS），联邦政府直接出资成立了联邦住房局，为中低收入居民购房提供百分之百的信用担保。[2] 自1980年起，英国政府逐渐适当减弱政府作用，重新划分国家、社会和个人的权利与义务，修改《住房法》制定"优先购买权"政策，将公房出售，运用市场机制增加住房流动性。采取合作制开发建设经营管理公共住房，即中央政府与地方政府合作，以及政府和非政府组织合作。在经济住房建设的政府投资比例上，中央政府占主要部分，地方政府占次要部分。除开政府投资的40％外，剩余部分的60％由私人建筑商、银行、非盈利的住宅

---

[1] 伯尔曼著，《宗教与法律》，梁治平译，中国政法大学出版社2002年，第102-103页。

[2] 王洪春，《住房社会保障研究》，合肥工业大学出版社2009年版，第121-122页。

社团和私人捐助等相配套。采取这种资金比例建成后的住宅大部分进入供租赁的政府住宅系列,收入按比例再分配给投资者。实际上,政府投资主要用于购买和开发土地,而非政府机构的投资用于住宅建设本身。

第二节 个人型态的公共住房

一、个人在公共住房中的权利基础

(一)公共福祉——与国家、私人相伴而行的公共利益

公共利益一直以来是作为公共住房制度的权利基石。但传统公共福祉理论指导下的住房制度暴露出的问题也越来越突出:首先,过于强调个人利益与公共利益的对立和冲突,忽略两者的关联和统一。[1] 现代社会对公益的理解已经从抽象的道德原则向个体间具体的共同福祉转变,将公益与私益完全对立,认为可以无条件牺牲个人利益来满足公益的绝对性面临挑战。[2] 公益与私益之间具有一种隐秘的关系,并非绝对对立。第一,公共利益的不特定多数人都是由私人构成的,个体成员具有双重身份。两种利益在同一主体上的体现,增加了将两种利益区分的困难。第二,在公共利益的不特定多数人内部是通过每个个体对私人利益的追求来实现公共利益的最大化。公共利益是不特定多个私人利益的集合体,公共利益在这些私人利益的合力推动下前进。德国学者莱斯纳对此做了精辟的分析,他认为,公益和私益之间有一个不确定之关系存在。理由是,多数人之私益可以形成公益,即公益是由私益所组成。[3] 美国学者理查德·拉扎勒斯指出美国普通法的传统上,法庭对个体的自由和利益始

---

[1] 亚当斯密系统阐释了市场经济条件下公共利益与个人利益的内在一致性,“在追求个人的利益时,总是被一支看不见的手牵引着促进社会利益”。参阅《国富论》,新世纪出版社 2007 年版,第 349 页以下。而康芒斯则进一步引申为两者互益的原因和本质,“互益不是一种天赋的本性,而是一种历史发展的产物,不是有一只看不见的手在引导个人的利益走向公共的福利,而是那看得见的普通法庭的手”。参阅【美】康芒斯著,《制度经济学》,商务印书馆 1962 年版,第 195 页以下。

[2] 闫闺芳、杨晚香,《财产征收研究》,中国法制出版社 2006 年版,第 114 页以下。

[3] 转引自陈新民:《德国公法学基础理论》,山东人民出版社 2001 年版,第 200 页。

终重视和“抱有最大的同情”,个体的自由和利益是法庭在关注“新财产权”关于社会安全和社会福祉等问题时同样考虑的因素。[1] 其次,将公共利益与国家利益混同,以国家利益代替公共利益。公共利益与国家利益不同。根据庞德的观点,国家利益可以分为两类:①国家作为法人的利益;②国家作为社会利益的保卫者的利益。后一类与社会公共利益有不少重合,二者较难区分。民法学家史尚宽先生在谈到公益时曾指出:“在日本民法不用公益二字,而易以公共福祉者,盖以公益易解为偏于国家的利益,为强调社会性之意义,改用公共福祉字样,即为公共福利。”美国学者德姆塞兹将所有权区分为公有权、私有权和国有权三类。其中,公有权是全社会所有成员共同行使的权利,而国有权是国家在行使权利的过程中,可以排除任何个人的干涉,按照政治程序行使国有财产的权利。[2] 从权利类型的角度对国家利益与公共利益进行了区分。公共利益由不特定的多数人享有,其权利由立法机关行使,主要通过法律规定得到统一贯彻,更多体现公众广泛参与的社会性;国家利益由国家享有,其权利由政府行使,无须立法机关同意亦可行使处分权,主要通过行政命令的形式得到落实,突显的是国家强制意志的国家性。同时公共利益的不特定多数人是一个弹性的概念,主要强调享有利益的主体个数不是单一的,但其人数范围并不像国家利益那样明确和具体,当不特定多数利益享有者是在纯私人的范围内时,公共利益与国家利益的界限是明确的,当不特定多数利益享有者是在全民的范围内时,国家利益与公共利益就可以出现某种重合。公共住房上公共利益与国家利益的区分与重合必然导致公共住房在私权法律关系中与国家主体的紧密联系。然而公共利益并不是与私人利益与国家利益并列对立的概念,他们之间的交错与重合的相对性使得公共利益在享有与实现上与国家、私人都具有关联。换句话说,公共利益与私人利益、国家利益始终相伴而行。这一特点在公共住房上尤其明显。

---

[1] Richard Lazarus, Changing Conceptions of Property and Sovereignty in Natural Resources: Questioning the Public Trust Doctrine, Iowa Law Review, Vol. 71, Issue 3 (March 1986), PP. 704-705.

[2] Demsetz Harold, "Toward a Theory of Property Rights", American Economic Review, 57 (1967), PP. 347-359.

如果公共住房权利配置过于集中在国家权力的分配、运行、监管环节，忽略了个人权利的分配和实现，必然导致国家权力与个人权利在公共住房制度设计上的分割与疏离。在分析公共住房的公益时需将其与私益联系起来重新考虑，在公共住房的权利分配中建构个人权利的探讨空间。

(二) 社会连带——个人竞争性社会连带关系下的公共住房

法国思想家狄骥认为："人们相互有连带关系，即他们有共同需要，只能共同地加以满足；他们有不同的才能和需要，只有通过相互服务才能使自己得到满足。因而，人们如果想要生存，就必须遵循连带关系的社会法则。连带关系并不是行为规则，它是一个事实，一切人类社会的基本事实。"日本大村敦志将"连带"(solidarite)理解为"对全体负有责任，与他人相关"。认为"连带原理到底是不是民法的原理虽然存在争议，但不能否认'连带'理念在近代社会中是各种尝试的支柱"。[1] 社会连带理论把社会看成是一个有机的整体，将社会中的个人作为研究的基点，它所体现的对个体性价值的伦理关怀是个人在公共住房理念和制度建构的重要理论渊源。

公共住房制度创设之初，由于国家独大的行为能力，个人与国家之间的依附性关系构成了社会连带的主要结构。国家不仅是公民住房权制度的构建者和监管者，而且广泛地介入公共住房事务的各个环节。在传统的社会连带理论指导下的公共住房法律制度，赋予了国家在公共住房制度的设定、实施和监管等方面的基础性地位，因而也为国家等公共机构设定了较多的权利和义务。20 世纪 80 年代后，各国公共住房法和住房保障制度的实践表明，在公共住房的社会连带结构中，国家被赋予了过多的义务，但忽视了个人和非政府组织的地位和功用，尤其是雇主团体、雇员团体、专业自治团体等社会领域中的非营利性组织的功能。这种国家、社会、个人之间失衡的社会连带模式指导下的住房制度造成的后果不仅致使国家责任过重，财政不堪重负，行政管理效率低下，更重要的是个体的积极性因为在制度性的结构失衡中受到抑制，削弱了住房保障权利实现的制度基础。为纠正这一社会结构性的偏差，以个人为核心的社会连带

---

[1] 【日】大村敦志，《民法总论》，江溯等译，北京大学出版社 2004 年版，第 47-48 页。

理论又开始回归。调动个人的主动性和积极性的竞争性社会连带关系被重新强调，承认人体差异基础上突出个体的努力与贡献，强化给付与保障之间对应性关系。在现代社会住房权被认为是社会权利，而这种社会权利是“依托体现集体性力量的国家组织、社会团体等公共机构的积极作为才能实现的个人权利”。[1]

个人开始成为社会连带理论基础上的公房权利配置的主体：首先，社会的主角是个人，突出个人作为社会根本成员的重要性。而国家，就是社会连带关系基础上之人类社会的一个器官，个体单位的重要性要远高于集体。社会是人们通过共同的欲望结合起来的集团，是个人与个人、个人与群体、群体与群体之间相互渗透、相互依存的普遍关联的事实状态。其次，社会连带主义以自然法为基础，只有自然法才能够充分保障个体住房的权利，国家存在的目的在于对成员根本权利——包括住房正义和住房自由的实现。再次，在国家与个人的关系上，国家应该是为个人服务的，国家本质上是一种表达共同利益的个人联合体，国家存在的正当性取决于它是否尊重和保护了公民的基本权利。住房权利享有和现实的基础是社会成员个体，个人可以利用各种社会连带关系（横向的个人与个人之间以及纵向的个人与国家、社会的连带结构）实现自己的住房权利。即可以依托社会成员间的直接的相互连带实现住房权利，也可以通过以社会组织为中介的间接连带实现住房权利，国家只是为个人更好的存在而提供制度服务。

（三）社团主义——在国家监督下实现自我发展的住房社团

社团主义（Corporatism 或 corporativism），又称法团主义。“社团主义”一词来自拉丁语的 corpus（躯体）。这一词的原意是用作称呼任何经聚集而成的组织。现代意义上的“社团主义”主要指 20 世纪 80 年代以来西方社会与官僚主义和市场经济并行的第三种公共管理模式。社团主义核心含义可概括为：社团主义是组织代表，并由代表参与政策的形成和实施的连贯而完整的体系。在这样一种体系中，利益的阐述和政策的确定

[1] 董溯战，《论作为社会保障法基础的社会连带》，《现代法学》2007 年第 1 期。

是通过个体成员和国家之间合法中介的有组织的社团的活动而进行的。[1]

社团主义是在对自由主义和多元主义的反思基础上形成的，它的规范基础和哲学原则是社会中心论而不是个人本位论和国家本位论。社团主义既不依赖自我发展的自由主义，也不过分扩大政府的权力，而是试图建立社团调控的中介形式。通过社会团体组织介入公共决策过程，弥补自由主义带来的个人主义极端发展的不足，同时试图限制或修正市场力量和国家的活动与影响，并采取阶级妥协的策略促进不同利益阶层的社会合作和社会稳定。

社团主义对公共住房制度的影响体现，第一，在性质上，社团主义的住房是一种不同于市场经济商品房和国家主义福利房的第三种住房调整模式。这种模式介于福利模式和市场模式之间、国家调节与市场调节之间，它力图通过吸纳社会力量而建立一种稳定的、具有广泛联合能力和控制能力的住房调节机制。其一般形式是在国家的监督下，将具有相同或是相似住房需求和住房现状的人在国家一级范围内组织起来，由其组织的代表在必要的时候或定期通过对话、协商等形式，来共同讨论住房规划、住房设计和住房建设和管理等一系列涉及公共住房居民重大利益的事项，就如何解决这些问题提出符合国家、社会、个人长远利益的协议或行动方案，并共同监督和维护这些方案的具体实施和执行。第二，社团住房是一种与以个人意思独立和责任自负为基础的房屋所有制不同的另一种模式，实行的是职能代表制，并与国家权力相融合。各类住房社团关注的是住房特殊群体的利益，以委托制为基础，通过协商和对话的方式，在国家利益分配和公共政策制定中为其成员的利益讨价还价，以实现在个人、各类社会团体以及国家间更“公平的”划分经济生产的利润。第三，由于各类住房社团对个人所具有的约束力量有可能导致对个人住房自由的侵犯，因此，一方面国家需要对住房社团加以监督，以防住房社团的行为违反国家法律、公共道德或者侵犯其成员的个人权益。另一方面，各类住房社团关注的是特殊群体的利益，在社会分化为各种利益集团的情况下，各类住房社团间必然发生利益冲突。因此，在国家与住房社团之间必须

[1] 申建林，《西方社团主义的利益调整模式》，《国外理论动态》2010 年第 2 期。

存在一种相互制约的关系。"只有国家才能用普遍的功利感和有机平衡的必要性来对抗每个行会的本位主义"[1],使得各类住房社团形成在国家的监督之下相互节制、相互协调、共同合作的关系。总之,在个人、社会、国家三者之间的关系上,住房社团并不简单接受社会即是个人总和的观念,而是更强调组织与集团及其公共责任。将住房社团作为连接国家与个人的中间形态,将其引入到国家的政治经济生活中。

二、个人在公共住房中的权利结构

(一) 从个人权利到国家义务

居住权利的本质是法律赋予人的一种自由度,是由法律赋予并保障的有关居住自我安排的自由度。住房权利的核心是"自我选择、自我决定"的资格和能力。

第一,住房权的资格。居住权(the right to adequate housing),又称"适足居住权",指公民有获得可负担得起的,适宜于居住的,具有安全、健康、尊严的,有良好物资设备和基础服务设施的,不受歧视的住房权利。根据 1948 年《世界人权宣言》第 25 条提出:"人人有权为维护他本人和家属的健康和福利所需的生活水平,包括食物、衣着、住房、医疗和必要的社会服务;且于遭受失业、患病、残疾、寡居、衰老或其他不可抗拒之环境时,有享受保障之权利。"此项权利已被各国法律承认并为国际社会所接受,居住权成为公民最基本的权利,是一项基本人权。如美国 1968 年《公平住宅法》规定:"任何住房歧视性的行为均为非法;禁止在住宅方面由于人种、肤色、性别、国籍、年龄、宗教、残疾人和有孩子的家庭(主要指单亲家庭)等原因而受到歧视;国家将提供技术援助,以联邦、州、地方、其他公共或私人机构、团体来指定或经营住房项目以防止或消除歧视性的做法。"[2]根据该基本权利,公共住户无论年龄、职业、收入、家庭构成等,一律平等

---

[1] (法)埃米尔迪尔凯姆著,《自杀论》,冯韵文译,商务印书馆 2010 版,第 421 页。

[2] 美国是住房权资格平等保护最严格的国家之一,由联邦宪法、联邦立法、州宪法、州立法、地方规章,以及司法判例普通法等构成的土地使用控制系统,严格禁止住房中对特殊群体:种族、穷人、残疾人、有孩子家庭的歧视和差别对待,参见 Robert C. Ellickson, Vicki L. Been, Land Use Controls: Cases And Materials, New York, NY : Aspen Publishers, Inc. ,c2005. pp691-731.

地享有居住自我选择和自我决定的资格，在全社会范围内实行所有成员平等对待和无差别保护。

第二，住房权的能力。以自己的行为、禀赋和资源实现获得可负担得起的，适宜于居住的，具有安全、健康、尊严的，有良好物资设备和基础服务设施的，不受歧视住房的可能。在居住自我选择和自我决定的能力实现上，出现结构性的阶层差异。在中国社会结构转型的过程中，由于市场和权力的双重作用，社会成员获得适足住房的能力出现了极化现象，那些逐步丧失市场能力的群体尽管有着自我选择的资格，却没有自我选择的能力。他们不仅没有成为住房市场上的消费主体，反而在市场转型中难以实现最基本的住房保障。在社会居民个人不能依靠自身的能力、禀赋和资源实现自己最基本的住房保障时，国家作为拥有对特定领土和居民实施控制和组织职能的最高权威，需要主动承担起保障公民居住权利的责任，将公民获得住房或者拥有适当住房条件作为政府的法定义务。在国家—社会的二元结构中，居民的住房权利与国家的住房保障义务形成对应关系。这使得居民的个人居住权利有了国家宪政的制度保障，尤其是获得了国家通过积极的财政干预政策弥补居民居住权利能力欠缺的依据。

第三，国家住房保障义务，体现为积极义务和消极义务两个方面，前者指政府应当根据国家的经济实力最大努力为实现住房权创造条件，政府有义务构建基本的住房保障体系，制定相关的住房产业政策加强对住房市场的监管确保商品房的可负担性，同时也要保证住房环境与居民的文化生活习惯相适应，使一国公民免于受到诸如住房紧缺等难题的困扰。此时国家住房保障义务的积极方面主要用于弥补个人住房权利能力的差异缺陷，实现住房宜居权，即“每一名男人、女人、青年和儿童获得和持续拥有能够安全、和平、尊严地生活的房屋和社区的权利”。后者指政府依法保障公民的居住权不受到公权力的侵犯，我国政府已将“发展普通商品住房和经济适用住房，改善城市中低收入家庭住房条件；健全廉租房制度，加快解决城市低收入家庭住房困难”列入《国家人权行动计划（2009—2010年）》中。宪法和法律应当规定政府不得随意驱逐和剥夺公民的住房。

(二)从宪政权利到财产权利

公民的居住权在宪政立法规范上一般认为是宪法上的生存权条款。但也有人提出宪法结构中的住房保障应该是由生存权条款和经济自由限制条款共同构成。日本著名的宪法学者弟鸟饲信成就提出,社会权中还包含经济自由权的社会权。他认为,自由权区别于生存权,不在于权利之法律构造形式上的不同,而在于权利之法律构造实质上的不同,即与目的相联结的构造的不同,自由权是以平等的个人的存在为前提,以保障其自由的活动为目的,生存权是以个人和个人之间存在社会地位的不同为前提,对过强的个人的自由权加以一定限制,同时对较弱的个人,不仅保障其单纯的自由,并且为了保障其生存,由国家给予一定的保护。[1] 通过公共福祉限制理论阐释公民居住权,作为经济自由重要内容的财产权,在公共福利要求下,其内容受到制约。而财产权与社会权一起构成了现代立宪国家经济社会权的总体框架。将宪政权利从基本生存层面落实到财产自由层面,从公法上的居住人权到私法上的房屋财产权:此处的房屋财产权既包括产权意义上的房屋所有权——完全的排他的支配权,也包括以使用受益为主要内容的房屋使用权——不完全的排他支配权。住房所有权,指房屋的所有者按照国家法律规定所享有的涉及房屋各项权益的总和,即房屋所有者对该房屋财产的占有、使用、收益和处分的权利。房屋使用权,指住房使用者享有合理使用住房资源并不受外界的干涉的权利。房屋的承租人、借用者、共有者都享有房屋使用权,同样享有免于住房所有权人或第三人的侵害。

从规范的效用上讲,所有房屋居住者应享有对房屋的占有和使用的权利,以财政支出为基础提供补助金或建造公共住宅的政策手段往往存在供应缓慢、财政压力大、住宅管理成本高的问题,因此比较居住财产权的两重性,许多国家采用控制租金或限制出租人的解约自由等政策成本较低的优势政策选择。比如日本房屋租赁法上的正当事由制度,作为以"公共福利"为由限制私人财产权的一种政策手段,为防止房屋出租人以

[1] 转引于凌维慈,《论居住保障与财产权限制——以日本房屋租赁法上的"正当事由制度"为例》,《政治与法律》2008 年第 2 期。

租金利润过低而频繁解约，致使出租房屋供给量明显减少，必须辅之以对出租人解约权进行限制的制度。通过立法限制其他私人的经济自由，由这种限制行为反射给其他私人居住的利益，即承租人获得的居住利益实际上是由国家的规制行为所产生的反射利益。而国家不用直接向私人进行给付，降低了管理成本。❶ 在日本之外的先进资本主义各国都经历以公共福利为理由对财产权进行限制的历史过程。不少国家对住房租赁合同进行一定的社会控制，主要有以租金管制为中心的美国模式和以解约限制为核心的德国模式。从社会经济效果看，无论是租金管制还是解约限制都是对房屋租赁（房屋使用权）的限制和控制，在社会管理成本上都有助于保障住宅权，也有助于避免贫富分区和促进社会和谐。❷

（三）从实体权利到程序权利

尽管国际人权文件、区域性人权文件及大多数国家和地区，包括福利国家和社会主义国家都不同程度地承认住房的权利属性，传统的宪政理论仅仅将公民的居住权限制在宪政立法规范上的生存权条款，归属于社会权利范畴。与自由权利相比，在权利的救济和实现途径方面，两者存在很大的差异。对于侵犯自由权的法律和政府行为，法治国家可直接诉诸司法审查，将这些侵犯公民权利的立法或者政府行为认定为违宪，从而确立自由权的宪法保障。社会权利的司法救济却一直落后于自由权，“在社会权利救济的方式上，人们一直认为这是一种‘非司法上的权利’，是一种非诉权利，拒绝对社会权利采取诉讼方式予以救济”。然而，第一，在理论上，住房的社会权利性与经济自由性的区分已不那么绝对，出现了通过公共福祉限制理论阐释公民居住权，作为经济自由重要内容的财产权的理论（前文所述），社会权利不可裁决的性质受到质疑❸。同时，对公民基本权利无论是三分法（民事权利、政治权利、社会权利）❹，还是二分法（自由

❶ 参见凌维慈，《论居住保障与财产权限制——以日本房屋租赁法上的“正当事由制度”为例》，《政治与法律》2008 年第 2 期。

❷ 参见许德风，《住房租赁合同的社会控制》，《中国社会科学》2009 年第 3 期。

❸ 夏立安《经济和社会权利的可裁决性——从健康权展开》，《法制与社会发展》，2008 年第 2 期。

❹ 徐道稳，《公民资格理论与我国社会政策的重构》，《人文杂志》2007 年第 6 期。

权利和社会权利)[1]都承认权利平等保护和整体性原则。要求在立法过程中(社会权利法律化)使公民享有的所有基本权利,在行政和司法的过程中一视同仁,无差别保护,即作为整体存在的各种公民权利之间在权利作用和保护方式上应该具有一致性。居住权应该具有与其他基本权利一样的司法适用性。第二,在实践中,一些国家和地区在可能的范围内发展了社会权利的司法救济,在美、德等西方国家,国民生存权主要通过关联诉讼方式得以救济,而在日本、韩国及中国等亚洲国家制定了专门的最低生活保护法规范,确立了生存权的独立诉讼制度,从而形成了生存权的关联诉讼和独立诉讼相结合的保护体系。[2] 日本公民的住房保障权具有生存权和平等权相互交融的特性,既有实体性保障,又有程序性保障。[3] 是目前个人住房权保护先进和完备的国家。与最低限度的国家保障义务相对应,日本通过新宪法、生活保护法和公营住宅法等法律,赋予了低收入国民以住房保障权和提起异议权。住房保障的授予权不仅可以通过日本新宪法第13条规定的幸福追求权和第25条规定的生存权条款加以保障,还可以通过新宪法第14条平等权条款和第29条财产权保障条款保障授予权要件和效果的合宪性。1949年的新《生活保护法》确立了保护请求权的法律救济途径。对于公营住宅,虽然低收入国民的给付请求权受政府宽泛裁量权的限制,但人居者的授予权受到信赖利益保护原则的保障。在法国也实现了个人住房权的可诉性。2007年1月法国通过了"可抗辩居住权"法案,明确规定了公民有获得住房保障的权利,政府应满足低收入者、无家可归者等特殊群体对由政府补贴的社会住房的需要。当公民的居住权利得不到充分保障时,可向政府提出请求解决住房问题。如得不到解决,可向行政法院提起诉讼。如果裁决得不到及时执行,法院可以强制要求政府提供房屋给申请者,否则,将会因不履行义务而遭受罚金。[4] 我国《城市居民最低生活保障条例》(1999)第15条规定:城市居民对县级

---

[1] 郑贤君,《社会权利的司法救济》,《法制与社会发展》,2003年第2期。

[2] 汪进元,《论生存权的保护领域和实现途径》,《法学评论》2010年第5期。

[3] 张运书,《日本住房保障制度的法理分析与借鉴》,《现代经济探讨》2011年第6期。

[4] Marie Loison. The Implementation of an Enforceable Right to Housing in France[J]. European Journal of Homelessness, 2007, 1: 185-196.

人民政府民政部门作出的不批准享受城市居民最低生活保障待遇或者减发、停发城市居民最低生活保障款物的决定或者给予的行政处罚不服的，可以依法申请行政复议；对复议决定仍不服的，可以依法提起行政诉讼。透视各国宪政实践可以清晰地观察到，社会权宪法化及其救济司法化的趋势业已形成。[1]

三、个人在公共住房中的组织形式

在有关公共住房问题上，政府的作用和影响是无处不在的，而作为真正利益的实际享有者——居民的存在和影响却非常隐秘和微弱，无论是管理的组织机构和管理流程中都缺乏房屋使用人（公共住户）的意思和影响，对于涉及他们自身利益的公共住房事项没有发言权，更谈不上决定性和影响力，作为房屋使用人的公共住户只沦落到被管理方的消极被动地位，在这种公权独大的前提下，公共住户的参与意识与配合自觉被压制以至消失就成为一种必然。当前研究中公众参与问题被国内外的多个学科的学者反复提出和论证[2]，但在公共住房问题上，仅仅是公众的参与并不能根本解决居民对居住房屋控制和主导的诉求和愿望，居民应该是公共住房机制中的核心，政府的所有管理行为都该在尊重居民自觉和自愿的前提下实现和完成。

（一）自助型——个人建房

自助型的个人建房是个人在公共住房上比较初级的分散的组织型态。由个人利用国家在土地、税收、金融、规划、设计、房屋管理等方面的

---

[1] 龚向和，《社会权司法救济之宪政分析》，《现代法学》2005 年第 5 期。

[2] 在美国自 1970 年代以来，法庭在审核行政裁决的合理性时强调公众参与的程序要求，法官严格执行那些用来增进或提高公众参与度的行政决定要求。参见 Arnstein, S.（1969）；Michael W. Neidhart(2005)； United Nations(2007)，Richard Lazarus，Changing Conceptions of Property and Sovereignty in Natural Resources: Questioning the Public Trust Doctrine，Iowa Law Review，Vol. 71，Issue 3（March 1986），pp. 631-716.。在国内学者论证了公众参与或者社会舆论的方式对干预、影响资源利用行为的重要意义。参见蔡守秋，《自然资源有偿使用和自然资源市场的法律调整》，《法学杂志》。

优惠措施，直接实施房屋施工建设使用的住房行为。[1] 通过个体的自助建房实现住房权利，需要具备一定的条件：第一，需要有支撑个人建房的资金来源。在德国，支撑个人建房的资金主要来自三个部分：①居民自己积蓄的资金；②从信贷银行、储蓄银行或抵押银行申请的抵押贷款；③住房储蓄贷款。德国设立了住房储蓄银行专业办理住房储蓄业务。住房储蓄是为集体自助而采用的一个封闭的、合同制储蓄体系，基本构想是为自助而相互合作，以达到住房融资的目的。通过大量储蓄者的参与形成一个互助集体，该集体归集的资金只能服务于机体内的成员，只有存款者才有资格从该机构得到贷款。第二，需要有支撑个人建房的财政保证。在德国，支撑个人建房的财政主要来自三个方面：①政府向住房储蓄者颁发住房储蓄奖金。包括设立住宅储蓄奖励金、雇员储蓄奖金和职工资本积累奖金等，例如，1997 年个人年收入 5 万马克的储户（夫妻为 10 万马克），可获得住宅储蓄合同存款额 10%的住宅储蓄奖金，个人住宅储蓄奖金的最高额为 800 马克，夫妻为 1 600 马克。此外，雇主还要在雇员的住宅储蓄账户里每年最多存入 936 马克，作为职工资产积累奖金。国家还要对职工资产积累（936 马克）给予 10%的雇员储蓄奖金。[2] ②政府给个人建房者发放无息或低息贷款；③政府给自建房者以免税优惠。第三，需要有支撑个人建房的政策。在德国，支撑个人建房的政策主要来自：①政府通过立法鼓励个人建房；德国 1950 年第一个《住房建设法案》规定通过政府财政援助并给予税收优惠等方式鼓励私人建房。1956 年第二个《住房建设法案》以及后来陆续颁布的《城市建设法》、《住宅改善法》、《建设法典》逐渐完善了个人建房所需的建设、分配、管理、财政、税收、金融等配套制度，个人建房成为政府和市场之外第三种解决低收入居民住房问题的方式。②政府通过严格行政监管保障个人建房；在德国城建局对私人自建住房

---

[1] 在德国，私人自建住房大致经过住房储蓄和住房建设两个步骤。住房储蓄，有意自建住房的私人必须参加住房储蓄集资，开立储蓄存款账户，该储蓄账户实行强制管理，储蓄人必须按期缴纳住房储蓄金，只蓄不取。只有存期达到法定年限，才有资格向建筑储蓄银行按比例申请贷款，享受低息住房贷款优惠。住房建设，满足住房储蓄优惠贷款条件的申请者可以筹划修建新房。选定修建地点后向房地产登记处申请购买建筑用地，聘请公证人，缴纳购地税，办理土地过户登记手续，经城建部门批准后才可设计，施工、交付直至使用。

[2] 李扬，汪利娜，殷剑峰，《普遍住房保障制度比较和对中国的启示》，《财贸经济》2008 年第 1 期。

进行严格审查。按规定,凡单门独院的住所一定要临近公路,连接地下排水管道,有室内节能装置,有保温、绝缘、防止污染、有利于生态等设备。只有符合规定,城建局才批准建房人的申请。③政府通过土地优惠制度来引导个人建房。私有土地产权机制下,居民自建住房是一种比较普遍的形式,德国私人投资建筑住房占总建筑中的比例最大,大概在61%左右。

(二)援助型——私房公用

援助型的私房公用(公租)是个人在公共住房上比较普遍的组织型态。它是一种国家补贴下发挥个人能动性利用市场机制解决公共住房的形式。充分利用民间租赁住宅解决公共住房问题,个人既利用了市场价格对住房的筛选机制,又得到了国家补贴对个人住房的助益。

日本在1993年开始实施对民间土地所有者所建设的优良租赁住宅进行补助,并且进行征借,作为公共租赁住宅供应给中产阶级群体,也有通过提供房租补贴的形式来供应。特优租赁住宅房租补贴额每年减少5%,20年之后则没有补贴。由于房租补贴逐年下降5%导致入住者在入住几年之后就会搬出,因此供应量在1997年之后就逐渐减少了。现有的特优租赁住宅正在谋求向高优租赁住宅转变。因此,日本未来公共住宅的发展趋势可以简单概括为:“积极利用现有住宅作为基础,同时灵活运用特定优良租赁住宅、适合高龄者居住的优良租赁住宅等各种租赁住宅制度,整备高龄者、残疾人可安心居住的民间租赁住宅市场,提高租赁住宅的整体质量,建立起公共与民间相结合的综合的、柔软的租赁住宅体系。”[1]1965年,美国国会通过了“住房与城市发展法”该法推出了新的租房补贴计划,这一计划完全不依赖公共住房和相关建设。该计划授权联邦政府住房管理署向租住非公共住房的低收入家庭提供房租补贴,补贴的额度为住房租金与租户收入的25%之间的差额。该法案还规定,地方住房机构可以购买、租赁、修缮私人房屋作为公共住房的补充,将之提供给低收入家庭居住。在法案的第一个四年建设计划中,准备提供6万套

---

[1] 黄修民,《日本公共住宅制度改革及发展趋势研究》,《学术界》2010年第4期。

公共住房，其中 3.5 万套为新建，其余为购买、租赁、修缮的私人房屋。❶ 1974 年美国住房与社区发展法案的第 8 条款规定对低收入租房者采取直接补贴，补贴额度为“标准租金”与租户收入的 25%（80 年代早期该比例增至 30%）之间的差额。“标准租金”由地方住房管理机构设置，代表当地的市场化租金水平。以美国纽约市为例，纽约 2007 年的“标准租金”为 500 美元/月（相当于纽约远郊地铁周边中套住宅的市场化租金水平），按照家庭收入 30% 以上的租金补贴额度，没有收入来源的家庭可获得 500 美元的现金补贴，月收入 1000 美元的家庭可获得 200 美元的现金补贴，该补贴可以用于房租花费，也可用于其他的家庭开支，该家庭也可选择租金超过 500 美元的住宅租住，超出部分由该家庭自行支付。❷ 英国早在 19 世纪初开始利用对房租的控制实现公共住房的供应。政府规定，出租住房的房租，由所在区的区议会或区政府来确定，出租住房的房主无权自行确定房租，结果造成房租一降再降，房主因无利可图而纷纷出售住房。私房主把房子卖给政府成为公房，政府既建公房又收购私房，公房的比重大幅增加。❸

（三）互助型——合作建房

合作建房是个人在公共住房上比较高级的组织型态。是个人通过合作和互利共同实现住房需求的一种社会联合。在本质上突破了个人的范畴，通过联合体的形式在个人和国家之间解决公共住房问题的第三种方式。据国际合作社联盟统计，住房合作社现已遍布美国、德国、法国、瑞典、波兰、土耳其、捷克、斯洛伐克、俄罗斯等五大洲四十多个国家，达 7 万多个，拥有社员达 2000 人，是目前世界许多国家解决住房问题的最普遍、最有效的形式。❹

美国的住房合作社产生于 20 世纪 50 年代，是一种以联络服务、为居民提供住房为宗旨的非营利组织。住房合作社实行产权股份制，合作社的房地产归合作社所有。社员入社需要如下条件：①家庭收入不到租用住房租

---

❶ 李莉、王旭，《美国公共住房政策的演变与启示》，《东南学术》2007 年第 5 期。

❷ 石薇，《基于美国经验的上海市公共租赁房发展对策》，《科学发展》2011 年第 5 期。

❸ 陆介雄等著，《住房合作社立法研究》，法律出版社 2006 年版，第 22 页。

❹ 沈宏超，《国外住房合作社的经验与启示》，《城市发展研究》2009 年 2 期。

金8倍的居民方可入股，入股多少根据其家庭人口和经济状况而定，股份不计利息。②需要住房合作社提供一室套型住房的居民，要交纳7000美元的股份金。③需要更高质量住房的居民，其交纳的股份金需达到住房价格的18％～20％（社员使用合作社的住房，也需交纳一定房租）。

瑞典的住房合作社已有60多年的历史，它是在“住房储蓄建筑合作社”的基础上发展起来的。这种合作社把住房储蓄、建筑，管理联为一体，协调服务。住房合作社的资金来源主要有三个方面：①社员交纳的股份金；②社员入社时，每人至少需要交纳500克朗，以后每年交纳70克朗；③社员的存款储蓄。如果社员申请住房，每年另需进行住房储蓄，其储蓄额一般不少1200克朗，储蓄利率高于银行1％；④以住房作抵押向金融机构借款或贷款。

德国从1956年开始，政府就提倡和鼓励私人建房、其采取的主要措施有：①为住房合作社提供长期低息贷款；②减税、免税优待。政府对住房合作社实行所得税、财产税、交易税的部分减免；③提供建筑地段的优惠。政府对住房合作社的用地实行适宜低价供应，且降低土地转让税率；④给予利息补贴。如果在政府不能保证直接给住房合作社贷款的条件下，住房合作社可向其他金融机构贷款，但因利息过高，其超高部分则由政府给予补贴；⑤房租补贴。住房合作社所建造的住房向居民个人出售或出租，当居民确因收入水平低，不能负担其租金时，住房合作社可降低租金向社员出售或出租，使社员能够承受，但同时，政府对于其租金差额给予必要的补贴。[1]

从个人到团体，从单纯依赖国家补贴、实体建房，到个人通过合作和互利共同实现住房权利，全球范围内公共住房制度在经历国家独掌—个体自助—团体合作的发展历程。

第三节　团体型态的公共住房

实践经验表明，在公共住房供给中，如果由政府全盘管理就不可避免地带来效率低下、公共支出庞大等弊端，而完全通过市场经营则容易忽略

[1] 刘瑞波，《发达国家发展住房合作社的基本措施》，《外国经济与管理》1993年第4期。

弱势群体，挫伤贫困阶层的公平感，甚至由于房价过高而形成对普通市民的合法剥夺。此外，为解决住房基本需求，个人自由竞争的市场方式难以解决不同个人、不同社会组织之间的权力分殊和利益冲突，从而留下了社会分裂与不稳的隐患。公共住房往往便在一种国家集权的刚性管理和一种自由竞争的市场调控间来回摆动；前者由于过分刻板不能够灵活适应无数不同的特殊情况而不起作用，而后者则常常由于自我私利的无节制追求引起混乱而不能持久。在公共住房领域的组织体选择上，国家和个人都不是唯一的答案。解决这种矛盾的一种尝试是建立国家之外的集体力量——住房社团。中间形态的探索是多种渠道、多种形式住房建设改革的探索。

一、住房社团的经济制度背景

住房社团主义模式是通过有组织的各类住房社团取得正式资格而参与住房经济政策的确定和实施，这种住房调整模式强调的是住房组织和团体的特定地位和作用，是不同于国家模式和市场模式的另一新型模式。现代社会的发展趋势表明社会经济管理的一部分职能已由社会法团承担，而不是完全依靠市场或全能型政府完成，各国普遍存在各类住房社团，各类住房社团的建立和运行以一定的社会制度条件为背景。

（一）普通法系市场型住房合作社——以住房抵押贷款体系支撑

英国的建房社团是一种住房合作社，其功能是吸收会员存款，提供抵押贷款，互助建房。1910 年，英国有 1723 个建房社团，成员有 62.6 万人，总资产达到 7600 万英镑。随着建房社团增多，在各地的建房社团基础上成立了建房社团保护协会，1926 年更名为建房社团协会。1940 年建房社团协会与全国住房联合会合并。到 1986 年，仅伦敦就有 750 多个住房社团，各省共有 2000 个。到 2008 年 10 月，全国住房联合会共有 1300 个非营利住房协会。[1] 住房协会是英国民间住宅互助组织，其建造的住房主要用于出租给贫困家庭和以老人为主的家庭。住房协会取得租赁公房的所

---

[1] 王洪春，《住房社会保障研究》，合肥工业大学出版社 2009 年版，第 109 页。

有权,向住房者收取低于私人出租房屋的租金,只达到成本租金水平。依靠租金收入,对所拥有公房进行维修和管理。英国1985年的《住宅协会法》(*Housing Associations Act of* 1985)建立了完整的"住宅协会制度"。从1936—1979年,住房协会和建房社团等私有或非营利民间住房社团成为公共住房供应的主体,从20世纪80年代初到90年代中期后,建房社团和住房协会成为供应出租公共住房的重要部门。英国1988年的《住房法》(*Housing Act of* 1988)第三章专门规定了"住房信托"(Housing Action Trust, HAT)制度,据此成立了"住房信托公司"由其负责将那些年久失修而难以出租的老房卖给私营机构的相关事务。[1] 之后的1988年和1989年的住房法中均允许住宅协会引进私人资金来修建住房。住房抵押贷款制度正是在互助合作的理念上由英国建房社团创立,在英国国内得到推广,并且传到美国等国家,最终在美国发展成为一个在高度市场化基础上的住房合作体系。[2]

美国的住房抵押贷款制度由住房抵押贷款一级市场、二级市场和保险市场构成,是高度市场化的产物。大量的不同期限按揭贷款在一级市场存在是市场化住房合作的基础,自由便利的交易市场是市场化住房合作的前提,高度开放的投资市场是市场化住房合作的动因,各类中介机构则是市场化住房合作必不可少的润滑剂。在这样一个充分自由开放市场环境里,住房抵押贷款的各类利益主体:银行、购房者、房开公司、特殊目的公司[3]、机构投资者以及众多的最终投资者,既相互竞争又相互合作,他

---

[1] [英]Ian Cook 著,《英国公共住房政策和立法的发展及其对中国的启示—— 以利物浦为中心的案例分析》,竺效译 ,钱云校译,《政治与法律》2008年第2期。

[2] 住房抵押贷款制度最早起源于1775年英国人的建房社团,1831年,英国移民把它带到了美国,在美国宾夕法尼亚州建立了牛津节俭会,实际上是住房抵押贷款组织。参见王洪春,《住房社会保障研究》,合肥工业大学出版社2009年版,第120页。

[3] 例如在美国政府国民抵押协会(Government National Mortgage Association,GN-MA)债券和联邦住宅贷款抵押公司(Federal Home Loan Mortgage Corporation,FHLMC)债券,GNMA与FHLMC属于金融中介机构(SPV)。

们既面临同样的风险[1]，又有共同的利益诉求[2]，各类主体由于共同的价值追求与利益诉求不断强化他们之间的关系，即使在美国这样一个推崇个体独立、意思自由的住房抵押贷款市场体系中，仍然形成并活跃着各类住房中介社团组织——政府国民抵押协会、联邦国民抵押协会（房利美）、联邦住宅贷款抵押公司（房地美）、退伍军人协会以及各类机构担保证券公司。这些所有住房社团都按照市场规律运作，政府干预少，和住房保障也没有必然的联系。[3] 这些住房社团是个体间相互合作形成的社会团体，是社会力量参与公共住房的典型方式，它一般不具有营利性或微利性，在房屋建设、使用管理、融资贷款上必须与市场和国家两股力量合作。在公共政策上，既反对极端的个人自由，也反对政府官僚主义的国家集权，通过社会团体组织介入公共住房决策过程，填补个人和政府之间的鸿沟，弥补个人主义基础上的自由市场经济与集权基础上的国家全能调控的不足。

（二）大陆法系国家型住房合作社——以住房储蓄贷款体系支撑

在德国，住房领域的租金定价权力来自租房者协会这样的社会法团，同时在住房供给方面，从德意志第一帝国时代诞生的住房合作社无论在魏玛时代，还是在现代德国社会一直得以保留。[4] 日本 1966 年 7 月就制定了《日本勤劳者住宅协会法》，并依据该法于 1967 年成立了勤劳者住宅

[1] 例如一是利率的变化；二是借款人的违约风险；三是提前还款风险；四是服务商支付迟延；五是其他证券化过程的参与者——信用增级机构、评估机构、信托机构、律师事务所——不履行或不适当履行的风险等。参见窦竹君，《美国住房信贷资产证券化的法律规制及对我国的启示》，《河北法学》2003 年第 1 期。

[2] 美国住房抵押贷款的流程主要涉及购房者、贷款银行、特殊目的公司（SPV）、证券公司、托管银行、机构投资以及最终投资者多方当事人，包含住房抵押债权、Mortgage Backed Securities（MBS）、住房信托等多个法律关系，所有当事人和交易环节都以获益（住房利益和融资利益）为共同的价值追求。美国住房抵押贷款的具体流程参见关涛、樊静，《不动产证券化的民法原理》，《中国法学》2002 年第 5 期。

[3] 只有针对中低收入的住房合作社，享受国家提供优惠政策，具有一定社会保障性。

[4] 德国政府在 100 多年前就通过了《合作社法》，第一节第 1 条即规定合作社的类型中包括“依据本法为建房目的获得‘注册合作社’权力而成立的协会”，第 162 节专门规定了“住房供给合作社”。余南平，《金融危机下德国住房模式反思》，《德国研究》2010 年第 3 期。

协会，即日本住房合作社。原捷克斯洛伐克于1954年、法国于1948年、澳大利亚于1967年都先后制定了关于住房合作社的法律法规，以维护中、低收入者享有合适住房的基本权利，明确住房合作社的法律地位。

德国住宅合作社有100多年的历史，是欧洲最早成立住宅合作社的国家之一。德国在1950年就颁布了第一个《住宅建设法》，其中鼓励社会团体及企业自筹资金建设职工住宅，政府则在税收上给予优待。根据德国的住房合作社法，住房合作社的资金主要来源于三个方面：一是社员入股交纳的股金，即社员入社时交纳的一定数额的自筹资金；二是政府的贴息贷款。德国为住房合作社提供长期低息贷款，贷款利率仅为1%～4%。偿还期限为30～40年，最长期限可达60～65年，贷款额可达到房屋建筑造价的80%～90%；三是社会捐助。对于住房合作社的入社会员来说，其购买住房的资金除了自己储蓄的资金和从各类银行（信贷银行、储蓄银行、抵押银行）申请的抵押贷款外，最重要的一部分来自住房储蓄贷款，这也是德国支撑住房合作社重要的社会配套制度。德国住房储蓄业务是二战后开展的一项住房融资专项业务，由住房储蓄银行专业办理。“德国的住房储蓄业务是为集体自助而采用的一个封闭的、合同制储蓄体系，旨在通过共同储蓄帮助存款人筹措资金，获得属于自己的住房”。[1] 其基本构想是通过储蓄者的参与形成一个互助集体，该集体归集的资金只能服务于集体内的成员，换言之，只有存款人才有资格从该机构得到贷款。与德国住房金融合作相似的国家还有瑞典、日本以及新加坡。瑞典的住房合作社资金来源也有三个方面：一是合作社社员交纳的股份。社员入社时需要交纳一定的入社金，以后每年还要交纳会费。二是社员以住房作为抵押向金融机构的贷款。根据瑞典政府的规定，银行向住房合作社提供的抵押贷款最高可为总投资的99%。三是社员的住房储蓄存款。日本的住房合作社资金同样主要有三个部分组成：一是邮政储蓄归集的资金，约占50%；二是各种退休金、保险金，约占14%；三是政府债券，约占6%。而新加坡的中央公积金制度在住房资金的制度构想、基金用途、使用方式上与德国住房储蓄贷款没有本质的差别，唯一不同是后者采用强制储蓄

---

[1] 陆介雄等著，《住房合作社立法研究》，法律出版社2006年版，第13页。

模式。新加坡政府通过法令和行政法规等强制手段将雇员工资收入的一定比例存入指定机构,专项用于雇员的住房等消费支出。在这些国家个人在住房上的互助与合作深入到住房制度的各个领域,从住房建设到住房使用(所有)再到住房管理直到住房融资贷款,住房建设,住房使用管理、住房融资贷款等各类住房中介社团组织活跃在国家社会经济生活的各个领域,填补个人和国家之间的鸿沟,实现公共住房全方位的广泛联合。

(三)我国特色的住房合作社——以政府扶持和单位资助体系支撑

1988年,在《国务院关于印发在全国城镇分期分批推行住房制度改革实施方案的通知》中,将"积极创造条件,集资建房,组织建房合作社"作为当时"住房改革的目标与今后几年的任务"之一。❶ 这是住宅合作社作为一种重要的建房形式第一次出现在国家的文件中。根据1992年我国《城镇住宅合作社管理暂行办法》,我国住房合作社的法律性质是具有法人资格的公益性合作经济组织,其主要任务是"组织本社社员合作建造住宅;负责社内房屋的管理、维修和服务等";其内部实行民主选举委托授权的代表管理制,在外部关系上依托于政府或者单位❷。我国1994年发布的《国务院关于进一步深化城镇住房制度改革,加快住房建设的通知》规定:"可以继续发展集资建房和合作建房,多渠道加快经济适用住房建设。"明确将合作建房组建住房合作社作为解决公共住房(经济适用房)的一个重要渠道和方式。2004年开始实施的《经济适用住房管理办法》第二十九条规定:集资、合作建房是经济适用住房的组成部分。以更高形式的立法文件确认将住宅合作社纳入到经济适用房中予以规范。在我国一直以来由各地人民政府的有关机构,组织本行政区域内城镇居民参加的社会型住宅合作社,❸和由本系统或本单位组织所属职工参加的系统或单位的职工

---

❶ 参见《国务院关于印发在全国城镇分期分批推行住房制度改革实施方案的通知》中"住房改革的目标与今后几年的任务"部分。

❷ 参见《城镇住宅合作社管理暂行办法》第三条、第四条、第五条、第六条。

❸ 如北京市宣武区住宅合作社、武汉市常码头、复兴村住宅合作社,福州市解困住宅合作社等。

住宅合作社，[1]在全国各个城市的公共住房建设和管理中充当主力作用，成为在国家公营公共住房模式外解决中低收入居民住房问题的一种重要方式。[2]

一般根据住房社团是自上而下由政府主导兴建产生，还是自下而上由民间个人自发合作产生，可将其归于两种类型：国家住房社团（statist corporatism）和社会住房社团（societal corporatism）。依据《城镇住宅合作社管理暂行办法》的规定我国住房合作社都是由政府扶持和单位资助，经组建单位的上级主管部门同意，经县以上人民政府房地产行政主管部门审查批准后，方可设立。在实际社会生活中存在的社会型、单位型、系统型、危改型四种住房合作社，不是依托本单位或者本系统的职工住宅合作社，就是依托当地政府或房管机关成立的住房合作社。因此我国的住房社团具有浓厚的自上而下的国家社团性质。而基于民间个人结社合作建房的尝试与探索虽然一直都在南京、深圳、厦门、广州等地出现，但这种自下而上的社会住房社团因遭遇国家政策导向不明确，缺乏土地、规划、管理、金融等相关配套制度，民间社团缺乏历史传统、互助合作意识薄弱以及违反现行立法规定等原因而没有在现实中真正成形。[3]

考虑到我国住房抵押贷款体系还处于初步形成逐步完善的阶段，一级市场还主要局限于商品房范畴内，很多配套制度，比如公积金制度还没有完全与各类公共住房对接，专门的住房储蓄制度没有建立，二级住房抵押市场只在个别城市个别银行实验，真正意义的住房保险市场还没有形成。因此，建立在住房抵押贷款体系上的市场型住房社团对中国公共住

[1] 如上海市城建系统职工住宅合作社、长春市教育职工住宅合作社、昆明重型机械厂住宅合作社、武汉锅炉厂住宅合作社等。

[2] 国家将住房合作社与住房保障结合起来能大大提高社会和成员对住房保障政策的接受度和参与度，同时，因为合作社组织机构的集中管理还可以降低国家直接面对个人的管理成本提高管理效率，因此很多国家都将成立住房合作社作为解决中低收入居民住房问题的一种重要方式，并通过各项政策优惠鼓励和引导。

[3] 比如 2003 年以后在南京和厦门兴起的个人合作建房运动，参加者大多来自高校、外企和私企或者大多分布在电力、水利、大学、银行等高收入行业，与我国《城镇住宅合作社管理暂行办法》第 8 条住宅合作社的社员限于“具有城镇正式户口、家庭为中低收入并愿意改善居住条件的居民户”的规定不符。

房的影响因为缺乏制度土壤而很难发挥。相对而言，国家型住房社团更强调政府在个人住房合作中的外部干预作用，通过贴息贷款、土地优惠、税收减免等非市场型刚性政策措施引导个人互助合作结社建房的住房行为。我国一直以来存在国家型住房社团，国家也始终在资金、税收、土地政策、规划管理等多方面对其进行扶持和资助。“县以上人民政府房地产行政主管部门，应当根据合作社集资情况和当地人民政府、社员所在单位给予的优惠和资助，制定本地区合作建房的年度计划和发展规划。”对我国公共住房合作社的制度完善因其制度基础和现实条件更为接近而具借鉴价值。

二、住房社团的静态权利结构

（一）住房合作社的法律性质

对于“住宅合作社”的通常理解为“是一个为社员提供持续住房的法律组织”。国际建房与储蓄组织联盟对住房合作社的解释为：“它是一种互相帮助、共同建房的非营利性团体，属于集体合作性质，它是以建房资金融通、储蓄、建设和管理一体化的解决住房问题的合作社。”我国《城镇住宅合作社管理暂行办法》对住宅合作社定位为“本办法所称住宅合作社，是指经市（县）人民政府房地产行政主管部门批准，由城市居民、职工为改善自身住房条件而自愿参加，不以盈利为目的的公益性合作经济组织，具有法人资格。”❶

对住房合作社在法律上的理解和说明都围绕该类特殊法人的设立目的展开。法国法社会学家狄骥认为，要使一个意思行为可以发生法律上的效力，具有一个相当的目的，而且是具有社会价值的目的是十分重要的，并将其作为民法现代化变迁——社会化的一个重要结果和标志。❷ 正因如此，现代以来大陆法系和英美法系的法人理论都关注法人目的在法

❶ 参见《城镇住宅合作社管理暂行办法》第三条。

❷ 【法】莱昂狄骥，《拿破仑法典以来私法的普通变迁》（1912 年写作），中国政法大学出版社 2002 年版，第 91 页以下。

人性质上的定位机能。[1] 以法人的目的事业为标准，划分为公益法人、营利法人和中间法人的三分法，逐渐取代了公益法人与营利法人的传统二分，[2]承认在非"公"即"私"之外事实上存在另外一类特殊的法人型态。"存在各种各样的团体，包括地域单位的或者目的各异的各种市民运动团体。"[3]

住房合作社是一个以提供入社会员住房（包括住房管理、维修、服务）为设立宗旨（目的）的经济组织，其法律性质是依法设立的具有独立财产和独立人格的特殊法人。以住房合作社的目的事业而言，住房合作社是人们基于住房需求的共同关心而自愿联合，其设立目的决定了住房合作社的基本角色定位既不是追求财产的增值和盈余分配，也不是为开放的不特定多数人的公益考虑，而仅仅是为特定范围（住房社团内）成员谋利益，通过成员间的合作互益，为成员提供住房产品和住房服务。因为强调成员间的利益互济互补和共享，而不是利益增加和分配，与营利性法人不同，又因其利益流向并不外惠于住房合作社外的不特定社会多数，是封闭性的利益共享，与公益性法人相区别。住房合作社既不是以营利为目的，又不以公益为目的，而是以谋求成员共同利益为目的，且盈余资金不作为成员分配，往往依特别法设立的中间法人。其法律特征如下：

第一，封闭性。住房合作社原则上共同消费、利用的可能性并不向全体社会成员开放，仅仅只有它的成员才是社团住房产品和服务的消费者。对住房合作社来说，只有特定成员间的共同利益，而没有扩大及于社会化的公共利益。

第二，合作性。住房以及与住房相关的住房管理维修服务事务由所有社员共同支配和控制，住房合作社在其权利结构及管理机制上坚持合作原则。

第三，互益性。住房合作社是为了增进成员之间住房利益的互济互

---

[1] 参见陈晓军，《互益性法人制度研究——以商会、行业协会为中心》，法律出版社 2007 年版，第 13 页以下。

[2] 参见卡尔拉伦茨，《德国民法通论》，法律出版社 2003 年版，第 179 页；龙卫球，《民法总论》，中国法制出版社 2002 年版，第 337 页以下；黄立，《民法总则》，中国政法大学出版社 2002 年第 114 页以下。

[3] 大村敦志，《民法总论》，北京大学出版社 2004 年，第 122 页。

补,提高成员住房利益的利用机能而组成的法人。关注成员个体的住房行为在团体组织机制中的最优效率组合,以及因此对成员个体住房福祉的直接利益回馈(直接反射)和对其他成员住房福祉增加的外溢功能(间接反射)。

(二)住房合作社会员的权利与义务

1. 住房合作社会员的基本权利

1)住房(住房服务)请求权

住房合作社入社会员有权获得并享有与其他会员同等条件的住房和住房服务。该住房(住房服务)请求权的性质根据请求权标的,因住房合作社的目的和类型不同而有所差异。当住房请求权的标的是房屋的使用权时,该住房请求权属于债权的范畴,在会员与合作社之间一般只产生违约或侵权责任;当住房请求权的标的是房屋的所有权时,该住房请求权属于物权的范畴,并产生房屋登记等物权行为和效果;该住房请求权的标的还可能是房屋证券化的股权,该住房请求权属于公司证券的范畴,会员和合作社同时还需遵循公司和证券立法的相关要求。

2)住房贷款请求权

住房合作社入社会员有权获得住房合作社组织发放的低息或无息住房贷款。住房合作社有义务联系贷款,弥补合作社股金和会费的不足。

3)住房事务管理权

住房合作社入社会员平等享有对合作社住房事务民主管理的所有权利,包括入会与退会权、表决权、选举与被选举权、日常事务参与权、监督权、合作社终止时剩余财物分配权等。

住房(住房服务)请求权、住房贷款请求权、住房事务管理权在适用条件上遵循平等原则,即住房合作社不考虑入社股金的大小或者贷款的多寡对所有入社会员提供同等条件的住房(住房服务)、住房贷款和事务管理权限。

2. 住房合作社会员的基本义务

1)缴纳会费/认购入社股金的义务

按照住房合作社的规定缴纳会费或者认购入社股金才能取得住房合作社会员资格,有权参与合作社的事务管理,享有会员的各项权利,承担会员的各项义务。

2）偿还住房贷款本金利息的义务

按照住房合作社的规定按时偿还住房贷款的本金和利息与享有住房贷款请求权形成对价。

3）遵守住房合作社规章制度的义务

住房合作社是入社会员为实现"合作互利"的目的在平等自愿基础上结合而成的住房社团，合作社的章程和各项规章制度由会员共同制定，是会员自愿结合并接受其约束的共同意思表示——集体契约，承载和表达会员的共同目标和相互信任。遵守合作社规章制度是履行该集体契约的基本要求。

对于上述义务的不履行，住房合作社得请求司法机关强制执行或采取相应的制裁措施。根据会员不履行基本义务对合作社或者其他会员造成的损害，可以区分为一般性损害和根本性损害。后者指入社会员违反义务的行为给合作社或者其他会员造成严重损害，以至于事实上妨碍了或者严重威胁到住房合作社的共同目标和会员间的相互信任。对造成根本性损害的会员，住房合作社除有权要求违约金、损害赔偿外，还可以强制退社。

（三）住房合作社的基本类型

根据住房合作社的权利结构和管理机制不同，可以分为：

1. 房屋私有的住宅合作社

合作社设立的目的是为入社会员提供最终能够由个人或家庭所有的住房，为此，入社会员需要缴纳会费或认购入社股金，分期付款偿还合作社贷款本息和其他开支。合作社负责联系贷款，弥补资金不足，并以合作社名义出面购买宅基。私有合作社仅仅为私人获得私有房屋弥补资金不足，提供贷款支持。房屋最终将由会员个人或家庭私有，合作社目的达成后也自然解散。

该类住宅合作社还有一种特殊的过渡类别，在私人未获得完全产权时，由合作社成员与合作社分享公共住房。英国公房购买者可申请购买一套住房的部分产权，其余部分仍然租用，等收入增加后再买下整套住房。此项购买权政策，吸引了大量租户购买住房，是英国居民住房自有率大幅提高的重要因素。[1]

2. 房屋共有的住宅合作社

合作社设立的目的是为入社会员提供能够由个人或家庭居住的住房，为此，入社会员需要缴纳会费或认购入社股金，合作社负责联系贷款和购买土地，房屋建成后，房屋由社员共同所有，在房屋贷款、房屋建设、房屋管理等方面实行全体社员共同管理民主自治的方式。

共有合作社的房屋产权是不分份额的共同共有，合作社持续存在，所有住房社务都由社员按一人一票的民主决议机制处理。

3. 股份制的住宅合作社

入社会员需要缴纳会费或认购入社股金，合作社负责联系贷款和购买土地，房屋建成后，房屋的所有权直接归合作社，合作社将房屋所有权划分为股份，社员依据持有的股份在房屋贷款、房屋建设、房屋管理等方面实行共同管理民主自治的权利。股份合作社的房屋产权是划分份额的按份共有，合作社持续存在，社员所持股份只能内部转让，但可以用其住房到银行抵押贷款，所有住房社务由社员按所持股份数额进行集中决议机制处理。

在瑞典住房合作社住宅的所有权由社员构成的委员会直接所有，社员仅享有与其住房面积相对应的份额，通过委员会行使权利方式间接拥有住房所有权。美国的住宅合作社实行户权股份制，合作社住房的产权归住宅合作社所有。社员拥有与自己居住房屋对应的份额来控制其居住的住房和财产。

4. 租赁制的住宅合作社

合作社设立的目的是为入社会员提供能够由个人或家庭居住的住房，为此，入社会员需要缴纳会费或认购入社股金，合作社负责联系贷款和购买土地，房屋建成后，房屋的所有权归合作社，合作社将房屋低价出租给社员，社员承担按期向合作社缴纳房屋租金的义务，享有组织管委会参与合作社社务的权利。租赁合作社的房屋产权性质近似于日耳曼法中

[1] 王洪春，《住房社会保障研究》，合肥工业大学出版社 2009 年版，第 108 页。

的“总有”[1]，其管理、处分等支配的权能属于合作社，而使用、收益等利用权能，分别属于合作社的各社员。与股份合作社相比，不仅其团体色彩更浓，前者是对住房所有权进行的量的分割——划分股份，后者是对住房所有权进行质的分割——权能分离。

5. 参建制的住宅合作社

合作社设立的目的是为入社会员提供能够由个人或家庭居住的住房，为此，入社会员不仅需要缴纳会费或认购入社股金，合作社负责联系贷款和购买土地，社员还需参加房屋的建设，社员在房屋资金、管理、劳动上实践全面合作原则。在参建制的住房合作社取得会员的资格除一般需要的缴纳会费或认购入社股金外，还需承诺以自己的劳动参与合作社的住房建设。

三、住房社团的动态运行机制

（一）住房合作社的运营方式

1. 公有公营模式

由国家财政投资成立或国家专项资金支持的国有公共住宅住房合作社或者住房协会。住房合作社的住房、财产和资金都属于国家所有，并统一提供建房资金融通、储蓄、建设和管理一体化服务。此类住房合作社接受国家的直接出资和资金补贴，从成立开始承担了国家住房保障的政策职能，合作社的自治性较弱。

香港的房屋委员会虽然按照独立自主自负盈亏的商业原则进行经营，但由财政转拨的发展贷款基金作为其营运基金，同时通过收取房屋租金的收入，支付房屋委员会的行政和经营费用及偿还贷款利息，是规模庞大的公有公营房屋合作企业。而英国20世纪初到1979年之间中央政府公共住房合作投资大部分是通过政府拥有的公共住宅公司或建筑协会来实施的，实行新建住房由政府投资，以公房形式出租给居民。

2. 公有私营模式

政府鼓励和引导成立公共住房合作社，并将建设环节以政府主控的

---

[1] 马俊驹等著，《民法原论》，法律出版社2005年版，第346页。

形式交给市场完成，由私人机构成立专门的项目公司融资建房，向政府认定的补贴对象一满足条件的入社会员提供住房和相应的服务，其收入由补助对象和政府共同提供，经营期满后，公共住房归政府。住房合作社作为一种房屋开发模式，虽然不以营利为目的，但仍然按照市场规律运作。此类合作社还会聘请专业的经理人或管理公司管理住宅合作社，利用他们的专业知识和能力为社员提供更良好的服务。是一种将公共住房合作社中的建房资金融通、储蓄、建设、管理、服务等环节市场化外包给私人机构，而保留公共住房最终所有权的一种公有私营形式。

3. 公益合作模式

政府首先制定其国家住宅发展战略，制定规划，然后寻求私人投资合作伙伴，成立住房合作社作为项目机构，此类住房合作社既可以是中央政府与地方政府合作成立的住房合作社，也可以是政府与非政府组织或者个人合作成立的住房合作社。通过这个项目机构申请国家财政资助，全面负责房屋建设中的一切，包括开发资金的筹集、房屋的建设与维护等。

在英国经济住房建设采用合作制，中央政府占主要部分，地方政府占次要部分，两者大概占到总建设投资的 40%，剩余部分的 60% 由私人建筑商、银行、非盈利的住宅社团和私人捐助等相配套。实际上，政府投资主要用于购买和开发土地，而非政府机构的投资用于住宅建设本身。采取这种资金比例建成后的住宅大部分是政府所有供入社会员租赁的政府住宅系列，收入按比例再分配给投资者。

4. 私有公营模式

政府通过征招将私人或者私人机构所有的住房，在保留“私人所有”的前提下纳入政府住宅系统，成立住房合作社致力于解决住房租赁、管理等问题。该住房合作社主要职能是解决入社会员房屋租赁资金短缺、价格调整和合作社住房维护、管理等事项。其会员只要履行职责，遵守住房规定，就享有长期居住权和住房管理服务。如要提高房租，须经社员大会同意，并产生对房屋所有人和房屋使用人都发生约束效力的产权租赁条约。

5. 私有私营模式

居民自己组织起来，不管是共同所有或者各自所有或者股份制所有，合作社的住房所有权都属"私有"性质,通过民主管理的方式,解决入社会员自身的住房问题并提供统一的住房贷款、储蓄、保险、物业等服务。该类住房社团不接受政府的直接出资和资金补贴,通过会员的会费和入股资金以及投资收益和政府其他贷款优惠来实现社员建房和管房的设立目的,排斥政府的干预,很好地保持了自己的独立性。

依据日本《勤劳者住宅协会法》成立的勤劳者住宅协会就是典型私有私营具有相对独立性的住房合作社。不接受政府的直接出资和资金补贴政府只提供一些优惠政策,间接地支持和鼓励住宅合作社的发展。

(二)住房合作社的内部治理

一个有效的内部控制系统,是合作社高效管理的基本部分。基于此,住房合作社治理结构的核心是内部的管理监督机制,以最大限度地实现合作社共同利益,进而满足所有入社会员住房的最大利益。住房合作社的治理机构是一种机制,不能等同于合作社组织机构。合作社组织机构为实现合作社治理创造了基础条件,但仅有合作社组织机构,而无合作社监管机制,没有在不同机构之间合理的权力分配、权力组合,不同的组织机构之间没有形成合作、监督、牵制的相互联络,合作社治理结构仍然无法建立起来,因此合作社治理机制,不能仅着眼于合作社组织形式,而应着眼于创造实现合作社治理机制的实质性条件。

1. 住房合作社的组织机构

住房合作社的组织机构设立与营利性法人和公益性法人没有本质的差异,也是在分权制衡的理念上设置的内部控制系统。主要由社员大会——议事机关和权力机关、理事会——代表机关和执行机关、监事会——监察机关三个部分组成。其法律特征是:①社员大会选任产生理事会,作为住房合作社的必设、常设机关,它相对社员大会而言是事务执行机关,对外代表住房合作社;②社员大会选任产生监事会(监事),作为住房合作社的必设、常设机构,其性质为监督机关,其任务为监督合作社的理事、财务人员、管理人员等;③理事会与监事会各司其职,实现住房合作社运营中的指挥和监督,同时,两者共同受社员大会的监督;④出于住房合作社封闭性的特征,监督资源主要依靠合作社内部的权力制约,一般不引入非会员的外部监事或理事。

2. 住房合作社的权力构成

1）住房合作社的权力来源

依据社会法团的产生路径对社团的分类，指明了不同社团权力的来源。对自下而上的社会型社团的权力实质上来源于社员的让渡；而自上而下的国家型社团的权力更多来自于政府行政职能的下放和授予。我国中低收入居民具有成立住房合作社的现实需要，政府对住房社团也大力扶持，但由于长时期的计划经济体制造成社会资源不足，以及社会对国家的长期依附造成社会自治经验不足，导致住房合作社很难自发生成。因此住房社团合作社"一方面对国家具有很强的依赖性，另一方面国家对社团也进行培育、扶持和规范"。[1] 国家在直接的资金和财政投入的同时也将部分住房管理的社会职能交由住房合作社直接行使，而入社会员在自愿基础上加入住房合作社，缔结合作社章程，允诺自我约束将部分个人自由让与合作社集中行使。这两个方面的结合，公共住房领域的住房合作社，其权力来源于国家和个人两个方面，是公私权力（利）结合再造的产物。

2）住房合作社的权力内容

住房合作社权力的具体内容庞杂，根据对会员权利不同的影响后果，可以区分为创设性的权力——社团权和处罚性的权力——社团罚。前者指住房合作社享有的对会员权利的行使产生积极影响的各项创设性权力，主要包括章程的制定与修改，会费和股金的缴纳，物业的分配、管理和使用，人事任命与解除，业务执行审查与批注，服务信息的发布，合作社合并、分立以及解散，会员纠纷的裁决等。后者指住房合作社享有的对会员权利的行使产生消极影响的各项处罚性权力，包括对违规会员的警告、通报、降低信誉、罚款等，限制或者取消会员资格或会员权利等。

由于住房合作社的权力既来自缔结合作社章程会员的权利让渡，又来自于国家住房管理部分社会职能下放，因此住房合作社的权力内容具有公私结合的特征。一是在内容上，住房合作社享有的权利内容不能超越会员权利的内容。既然合作社是会员个人权利的让渡，会员不享有的

[1] 袁曙宏、苏西刚，《论社团罚》，《法学研究》，2003 年第 5 期。

权利合作社也不能享有。比如公共住房合作社的会员限制或者禁止营利,公共住房合作社也就限制或禁止盈余分配。二是在性质上,住房合作社对社员处罚的强度应该低于行政处罚,因为住房合作社只享有国家住房管理的部分社会职能,其对会员的处罚力度应该与该管理职能性质相匹配。比如住房合作社对违规会员的财产处罚,一般只规定一定比例的违约金,而不能出现没收财产等行政处罚的方式。三是在程序上,无论是社团权还是社团罚都需在合作社章程上明确规定,而合作社章程则需由国家登记管理。当合作社章程没有规定时,依据意思自治的原则,合作社有权创设社团权或者社团罚,但这种自我赋权不能剥夺或限制会员的权利,同时不能违反国家法律的强制性规定。

3. 住房合作社的监督机制

住房合作社的治理结构的核心是内部监督资源的分配和监督机制的架构。

1) 监督对象

会员大会、理事会、监事(监事会)皆有损害住房合作社的共同利益和长远利益的可能,因此,住房合作社的会员大会、理事会、监事(监事会)、财务人员、高级管理人员都在合作社监管范围内。

2) 监督内容

对于会员大会的监督主要是防止多数人对少数人的利益侵害。住房合作社决议机制不同于营利性法人的资本多数原则,其更符合互益合作特性,实行一人一票的民主多数决议制度。正如约翰·亚当斯所言:"共同的意见总是意味着多数人的赞同,因此不言而喻,少数人受到多数人的支配。"由于民主多数决原则的制度性缺陷,对于"少数利益"的保障被认为是现代民主的一种功能转化。[1] 住房合作社同样适用。对于理事(会)的监督主要是对理事行为规制。英美法系公司董事规制中的注意义务和忠实义务可适用于住房合作社的董事规则。比如日本《中间法人法》第48条规定:"理事执行职务时具有恶意或重大过失的时候,该理事对第三者产生的损失承担连带责任。"对于监事的监督,则可以参照理事行为规制

---

[1] 【德】卡尔施密特,《宪法的守护者》,商务出版社2008年版,第28页以下。

引入监事的注意义务和忠实义务。[1] 监事的注意义务的核心是防止监事为了追求个人利益而牺牲合作社利益或者放弃合作社最佳利益。监事忠实义务的核心是以谨慎之人应有的注意从事合作社监管业务，不得怠于履行监督职责。

3）监督方式

对于会员大会的监督，由于董事会和监事会并列存于会员大会之下，都隶属于会员大会，在内部的治理结构中缺乏与会员大会能够抗衡的监督资源和机构设置，当住房合作社少数人的利益受到会员大会的多数决议侵害时，给予少数个人以司法救济的权利，通过司法的外部干预来纠正这种结构性失衡。在监督理事行为时，对理事的注意义务需考虑“事业判断规则”[2]，保护理事在正当范围内在业务决策、执行和监管上的积极性和进取心。对理事的忠实义务需考虑“利益冲突交易的限制和禁止”[3]问题，鉴于公共住房合作社的互益性，对于合作社与理事的利益冲突交易，应将其纳入监督范畴，而不是绝对的禁止。比如美国《非营利性法人示范法》第 8.31 条的规定，法人的理事或董事可以与法人进行利益冲突的交易，只要这种交易在进行时对法人必须是公平的，或者之后得到理事会或者会员的认可。对于监事的监督，是否需要引入外部监事来加强内部监督，存在争议。考虑到管理成本和住房合作社的互益、合作、封闭的特征，公共住房合作社监事会的组成基本都是在会员中产生。

（三）住房合作社的外部监管

国家对合作社的监管不可避免，一味强调合作社的自治性质而要求政府完全放手无所作为也是不现实的。在住房合作社与国家的关系上，关键在于将国家对合作社的监管限制在制度框架内。

---

[1] 目前我国两个关于非营利性组织的登记条例中没有监事(会)的相关规定，与其最相近似的《中共中央、国务院关于深化供销社改革的决定》(1995)指出“供销合作社实行代表会议制，设立理事会和监事会”。

[2] Business judgement rule 最早适用于英美公司法理论中，作为公司董事和管理人员的一种保护性援引规则，基本原理是鼓励董事和管理人员合理的冒险行为和创新，限制诉讼的发生和司法的干预。

[3] 所谓利益冲突的交易是法人理事与法人之间的具有直接或者间接的利益关系的交易，比如自我交易的行为。

1. 基于住房合作社法律性质的营利性抑制

理论上，社会生活中处于不同收入阶层的社会成员都可以在不同的层次上通过自愿缔结自由组合的方式成立不同种类的住房合作社，以适应不同收入层次和不同住房期许人群的需要。[1] 然而由于住宅合作社互利共享的属性不但特别契合住房保障的政策目标，而且民主管理的方式能激发所有入社会员的参与和合作意识，很多国家在公共住房领域通过各项政策优惠鼓励和引导成立住房合作社。公共住房合作社在享受国家税收、土地、金融等多方面的政策优惠和公共福祉时，为了保证入社会员与其他社会成员之间的公平。各国的法律都禁止或者限制公共住房合作社从事营利性业务。

(1) 禁止和限制开发建设商品房和高档住房。

开发建设商品房和高档住房，直接与公共住房合作社的法人性质和法人特征相冲突，也不符合国家住房保障的政策目标。

(2) 禁止或者限制利润分配。

住房合作社的投资或者与政府、私人机构、公益组织的合作投资，目的仅限于提供住房或筹措资金，对于投资产生的收益，一般只能作为合作社长远发展的基金，禁止或者限制在合作社会员间的利润分配。

(3) 禁止或者限制转租、转卖住房。德国 1878 年成立的“FLENSBURGER 工人建筑协会”规定社员对住房可以继承，但不得买卖。瑞典的 HSB(合作社国家联盟)规定会员可以用其住房到银行抵押贷款，社员所持住房可以内部转让，但不能买卖。日本勤劳住宅协会规定入社会员对其居住的房子享有所有权的，除特殊情况，比如社员死亡，其继承人不愿加入合作社，或因工作调动而被迫搬家等，一般不能在 5 年内进行出售和转让。对违反这一规定的，住房将被收回，并要收取一定的维修费。入社会员向住房合作社以租赁方式取得居住权的，社员退出合作可以收回

[1] 无论是满足基本居住需要还是满足更高住房需求的住房合作社都有存在的人群空间和社会基础。在美国就存在主要面对中低收入成员的“有限权益合作社”，也有服务于高收入阶层建造高级公寓、别墅等的“高级住宅合作社”，还有根据会员收入状况决定不同住宅层次的“市场等级合作社”，还有服务于一些特殊人群如残疾人、老年人、少数民族、学生、艺术家等“特殊需求人群住宅合作社”。

部分的会费，但不能私自转租。

2. 基于住房合作社社团目的的合作性限制

（1）住房价格和费用限制。

住房合作社的住房价格仅包含成本费用和合作社长远发展的基金，不包括企业利润。物业管理费用也是根据实际发生的费用收取，通常低于普通商品房的物业费用。比如瑞典的HSB（合作社国家联盟）规定住房合作社不能以追求营利为目的，限制住房合作社价格。

（2）入社股金和会费的比例限制（为了入社会员之间的公平）。

（3）对入社与退社的特别规定：保留条件和附随义务。

3. 基于住房合作社群体利益特征的程序性限制

只有当住房合作社在群体利益实现的过程中，以损害社会公共利益为代价，政府才有必要对公共住房合作社进行行为干预（实质干预）。除此外，国家监管的方式应限制在程序干预上，而不介入到合作社事务的实体内容上，直接创设、影响合作社的实体权力或者会员的实体权利。如西班牙的住宅合作社为低收入人群建房，政府给予补贴，但是建房方案、建筑材料、建房公司以及住宅建好后的物业管理等都由社员自主决定。德国政府则特别强调对住宅合作社的程序监管。[1] 在这种情况下，合作社在与政府的关系上，不是简单"成为执行政府计划的辅助机构，执行政府的直接意愿"，是既有监管，又有合作的伙伴关系。

本章小结

目前公共住房主体的主要问题，一方面，在公共住房中国家（政府）的影响无处不在，"公权独大"；另一方面，公共住房的实际享有者——公共

[1] （1）对住宅合作社实行强制性审查主要是形式审查，包括住房合作社的设立登记和资格条件，社团申请者必须接受法律规定的诸如组织结构、责任制度等规定；（2）将听取独立于政府的专家意见作为对住宅合作社监管的必经程序，而这些专家主要是来自于依据1889年《合作社法案》由全国各建筑合作社联合起来成立的住宅合作社联盟。这些住宅合作社协会或联盟是依法产生的具有独立地位的第三方组织。（3）强化住房合作社在实际运营中对其财务状况、日常活动、业务记录等运营情况和重大事项的信息公开化的程序要求。（4）合作社承担了对其入社会员、理事、监事、财务人员、管理人员、业务人员的实质监管职能。比如转租转卖监管。

住户个人没有选择的机会、自由，谈不上决定权和影响力，“私权羸弱”。为克服公权独大，拯救羸弱的私权，需加大培养和发展各类公共住房中间团体——住房合作社。住房合作社既是住房个人的集合也是共同合作的结果，它联系国家与个人，即反映真实的住房者意愿，又能因团结获得更多的决定权和影响力。中国公共住房的提供主体需要由全能型国家向多元的住房社团过渡或转移。

第三章
公共住房的私权配置分析

第一节　公共住房权利配置的结构性问题

一、公共住房与商品住房的双轨体系

（一）公共住房与市场经济的区分性

市场经济是市场对资源配置起基础性作用的经济运行体制。作为一种资源配置的方式，在公共住房体系建设中的特定环节可以引入市场机制，以促进和实现“经济的效用”这一制度结构评价标准。在这些特定环节，对于公共住房资源的配置是依靠价格信号由市场力量来实现，通过市场机体内的供给与需求、价格、竞争、风险等要素间的相互作用来促进各类公共住房资源的优化配置，以达到公共住房的效用标准，包括新建住房与存量住房的效用评价，层级配置和梯度消费的效用评价，以及住房类型供应与选择的效用评价。

然而市场经济也存在自身难以克服的制度性缺陷，这些缺陷是不能仅仅依靠市场本身予以克服。根据现代经济学理论，市场经济在三个方面存在失败的风险，即市场垄断、外部性以及信息不对称。第一，市场垄断意味着准入障碍，包括基于行政干预和特许授权等产生的行政壁垒和基于技术和市场需求等原因的自然壁垒。住房市场中房地产企业基于技术、资金、经营许可、市场需求等优势对住房高端价格的维持，对中低收入的保障覆盖人群形成准入壁垒。第二，住房市场外部性的存在意味着房地产开发中某些经济组织和个人的生产或消费活动的私人成本小于该活动的社会成本——为社会整体住房福利提升的支出，因而一部分成本由中低收入的保障覆盖人群或整个社会承担了。即住房市场外部性的正负差异，致使市场机制对住房资源的配置作用不能达到最优状态，进而使社会整体住房福利受损。第三，住房市场存在严重信息不对称问题。在市场经济下，经济决策是分散进行的，它由经济组织和个人各自独立地做

出。但所有的经济行为人对所有的经济变量并不具有相同的信息。因为人是有限理性（bounded rationality）的，或者信息成本总为正。在信息不对称的情况下，竞争均衡不符合帕累托最优状态的要求。比如在住房市场中，成本结构是每个房地产企业的私人信息，房地产企业与购房者之间存在严重的信息不对称，从而导致通常认为的掠夺性定价或极限定价现象。由于住房市场的垄断、外部性和信息不对称普遍存在又无法完全消除或克服，在公共住房领域，不能完全依靠市场经济自然调整，引入政府的干预与补救是必然的选择。

（二）公共住房与市场经济的关联性

公共住房的非竞争性和非排他性并不具有绝对的意义，准公共物品的非典型性特征，使得它一方面与公共供给、公益消费紧密相关，另一方面它不可能与市场机制完全隔绝。没有证据表明市场机制作为一种资源配置的方式，其制度设计和规范制定天然与公共住房相背离。相反，现实生活中有很多实例证明，市场机制作为资源配置的一种方式，本身并不排斥公共财产的分配需求，也不是私有财产所独有。香港的公屋制度实质上是国有企业市场运行系统，它的成功就是一个最好的例证。而英国的公共住房的合作建房制度也是市场化运作成功的典范。在我国，经济适用房现在的做法是限制或者禁止市场流通，经济适用房只能由政府回购，这种与市场机制完全隔离的简单规定，会给政府背上沉重的财政负担，导致实践操作上的不可实现，公共住户改善住房的需求无法满足，不符合经济适用房制度设立的本意。以城市中的新进大学毕业生为例，小户型的公共住宅，在一段时间内符合他们的经济实力和收入。但随着收入的增加和生活的需要，小户型的公共住宅必然会逐渐无法满足他们的需求，或者购买面积和使用功能更全面的公共住宅或者购买商品住房。而他们的小户型公共住宅在获得政府回购之前，不可能实现再次分配。现实中政府回购则不仅需要庞大的管理制度成本支出，还需充足的政府财政支持，现实操作几乎不可行，结果这类人群必然面临或者放弃不符合生活需要的公共住房或者抑制进一步的住房合理需求。经济适用房这一制度设计不符合层级配置和梯度消费的效用评价，必然影响住房类型供应与选择行为，这也是各地对新建公共住房存在较大争议与保留态度的主要原因。

在公共住房的主要领域，[1]公共住房和商品住房一样，也具有用地规划、营造开发、交易流通、中介服务以及使用维修管理的环节，在这些环节中与市场机制并非完全隔离。换言之，在这些领域，公共住房虽然具有自己的特点和规律，但市场配置机制仍然能满足这些特质，在权利设计上同样可以借助所有权与使用权等私权工具，实现市场化配置。比如新加坡政府通过房屋发展局对公共住房建设进行了全方位的行政干预。但是政府并没有排斥市场机制的作用。在组屋的施工建设环节，房屋发展局采取了严格的招投标方式，由中标的私营建筑公司承建。政府不仅积极鼓励优质合理的设计方案，还通过改善土地管理、推行机械化施工、更新建筑技术等措施来有效降低建房成本，提高工作效率。使广大居民都能获得价格低廉、质量优良的住房。而香港的房屋委员会按照独立自主自负盈亏的商业原则进行经营，成为规模庞大的公营房屋企业。通过收取房屋租金的收入，支付房屋委员会的行政和经营费用及偿还贷款利息。也有一些地方将城区内廉租住房的底层作为商业铺面出租或出售，筹措资金弥补廉租住房小区物业管理费用。[2] 即使公共房屋的租金或售价不完全由市场决定，有一定限制，但仍然以价值为基准，根据一定的利润空间确定其租金或售价，没有也不可能脱离市场规律的作用。由此，市场机制对公共产品配置的合理性只在于基于符合公共财产自身特性的适合的机制安排和规则设计。

（三）相对独立的两类住房体系

公共住房是与商品住房相对的，同时满足“公平的正义”和“经济的效用”两个制度结构评价标准，由政府起主导作用，涉及住房开发建设、住房交易流动、住房使用管理等诸多环节的住房法制体系。住房的使用是公共住房法制体系架构的核心，这决定了在立法规范层面，公共住房与商品住房存在明晰的分水岭。

---

[1] 主要包括用地、开发、建设（基础配套建设、竣工验收制度、质量保证责任）、交易（转让、抵押、租赁、信托）、中介服务（估价、经纪、咨询）。

[2] 《关于保障性住房建设项目实施情况的调研报告》，中国人大网 www.npc.gov.cn，2009-10-28 访问。

第一，立法目的不同。商品住房法律制度是个体本位，即以维护私房业主个体的住房财产权为主旨。公共住房私权体系关注住房使用功能的最大化，满足公共住户使用住房的核心需要，实现的是公共住房的居住本质。公共住房的居住者无论享有的是房屋的所有权还是房屋的使用权，也无论享有的是完全的所有权、有限的所有权还是公私共同的所有权，既不妨碍也不减损他在公共住房使用、维修、管理中参与、干涉、支配的权利，公共住房法律制度以维护社会公共利益为主旨，实现中低收入人群的居住利益，而不是交换价值的实现，是社会本位的私法制度。

第二，立法性质各异。商品房法律制度强调的首要功能是调整市场经济关系，其关注的是住房在公平的制度设计中价值的体现和增加，整个住房法律制度都是以住房这一商品为核心存在。公共住房的权利体系不是以确认和保护财产的归属和流通，而是在赋予和维持社会组织功能，调整和保障居住利益的实现。该居住利益是人基本生存活动要求在私权层面的反映，对于权利主体而言，该居住利益是符合法的正当性要求需私权予以确认和保障的利益，但并不具有财产的意义。因此公共住房法律制度不是财产法的性质，而是社会保障法的性质。

第三，立法特征不同。公共住房的理论基础是社会本位，在公共住房法律制度中更多体现政府经济职能色彩和干预意识。国家不仅加强了对公共住房活动的直接干预，对经济适用房、廉租房等依意思自治、契约自由的出售、出租、转租、转让加以限制，还直接作为公共住房权利主体大量参与公共住房供销租管等经济生活。由此，商品住房法律制度是典型意义上的私法制度，而公共住房法律制度则具有鲜明的“私法公法化”的特征。

公共住房与商品住房在立法目的、立法性质和立法特征上的巨大差异，公共住房的法律需要很难在商品房立法系统中调和和统一，公共住房可以借助财产权理论来架构自己的权利运行系统，但该系统应该是与商品房清晰划分的独立运行的体系，其上的权利设计与公共住房的立法理念与政策目标相一致，无论是租是售，公共住房都是自成体系，所有的流通都在公共住房系统内完成房屋交易和权属移转。最需警惕的是商品房和保障房两种资源两种属性两个系统的混淆，以及由此产生的法律规制的混乱。

二、公共住房的准入退出机制

可以在公共住房的体系内存在和流转的房屋类型和房屋条件，是公共住房与商品住房空间范畴的区分标准。

（一）保障方式与公共住房

公共住房是一种公共福利产品，具体供给方式上各国并不完全一致，主要分为两种：一是行政实物供给，一是市场化货币供给。前者是住房补贴，即直接的提供公共住房，包括营建、扩建、改建、翻新、维修公共住房，政府直接提供的住房既包括转让产权的公共住房又包括不转让产权的公共住房，以及其他混合产权的公共住房，这种方式以新加坡和瑞典为典型国家。后者是财政补贴，将政府的住房资助以财政福利形式发放。包括：①现金形式的财政住房补贴，即由居民自已租或买市政府规定房租（房价）范围以内的住房，即政府规定的标准低、房租（房价）低的住房，其月租金（购房价）超过居民收入一定百分比的部分，由政府给以补贴。②减免税收和低息贷款形式的财政住房补贴，即允许采用低于市场利率的贷款利率为低收入家庭购房置业提供贷款，或者采取相应的税收减免政策。这种方式以美国和加拿大为典型国家。

两者的区别被简称为“补砖头”与“补人头”之分。两种方式在解决公共住房问题上，各有利弊，后者赋予了中低收入人群相当的个人选择空间。个人能够决定如何使用什么时候使用这笔住房补贴来最大限度地满足家庭住房需要。前者则因能集中大规模提供公共住房而最大限度地减少了住房供给中的社会成本。后者利用个人独立做出经济决策实现家庭住房补助使用的最大化的前提是一个监管完善而选择充分的商品住房市场。前者则需要庞大的政府财政支撑和政策配套制度。事实上，两者结合使用被各国普遍作为市场经济制度下解决中低收入居民或者社会弱势人群住房需求的主要方式。世界发达国家和地区住房保障方式已经经历了从“砖头补贴”为主向“人头补贴”为主的转变，这反映出公共住房从实物形态向制度形态的发展潮流。然而我国还处于公共住房建设的初创阶段，首先，住房市场（包括商品房市场和正在建设中的保障房体系）不完善，不具备充分选择的房屋条件。中低收入群体即使享有自主决定住房补贴使用的权利，也因在住房市场上没有那么多可供选择的合适的房屋而无法达到最大限度满足家庭住房需要的目的。其次，住房配套机制建设不完善，不具备充分选择的制度条件。与中低收入群体自主决定如何使用住房补贴相配套的是选择行为的制度保障，包括因选择而产生的房屋流动和住户流动，都缺乏相应的制度配套和制度保障。最后，住房监管机制缺乏，很难防止住房补贴个体选择中的投机行为。即使在能够选择或者有权选择的假设下，也可能不愿意"恰当"选择。完全利用住房市场和政策工具很难满足规模庞大、住房需求多样的中低收入阶层的实际需要，目前我国工作重点仍然集中于公共住房房源的建设、开发、筹集和监管。在今后相当一段时间内住房实物补贴会是我国公共住房供应的主要方式。

（二）公共住房的房屋类型和套型标准

1. 房屋类型：分级化

对房屋实行分级管理是合理应对不同层级的公共住户对不同功能的公共住房具有不同实际需要的结果。公共房屋可以按照房屋的功能目的划分为保障型、改善型，完善型、舒适型四种。四种类型的住房在入住条件、房屋产权、维护成本、运营管理、财政补贴以及住房使用人权利义务上都有明显的差异。其中保障型住房是为满足最低收入人群基本住房需要的房屋类型，在我国与最低生活保障制度对应，为最低保障家庭中的住房困难户提供廉租房；改善型公共住房是不具备住房支付能力，但又不满足廉租房申请条件的住房困难家庭，在我国主要是各类住房夹心层；其中还包括为解决某些特殊群体短时期内住房困难，满足其基本住房需要的房屋类型，在我国主要为刚毕业参加工作大学生、企事业单位中的低收入者、暂时性失业、引进人才、务工人员等阶段性（非永久性）居住困难的人群提供的公共住房；完善型公共住房是为满足有一定支付能力和支付愿望，但又无法在商品房市场完全满足其住房需要的人群提供的公共住房；舒适型公共住房主要是为衔接商品房市场体系与公共住房体系，解决由于各种原因没有被商品房市场覆盖的各类群体的住房需求，在我国主要是中等收入以下的住房困难家庭、拆迁户自住。

2. 套型标准：规范化

公共住房的套型和大小应该与房屋的类型（功能目的）相匹配。套型面积按照保障型、过渡型，改善型、舒适型逐渐增加，但仍需在公共住房体系范围内。根据《廉租住房保障办法》规定："新建廉租住房，应当将单套的建筑面积控制在50平方米以内，并根据城市低收入住房困难家庭的居住需要，合理确定套型结构。"❶《经济适用住房管理办法》规定："经济适用住房单套的建筑面积控制在60平方米左右。市、县人民政府应当根据当地经济发展水平、群众生活水平、住房状况、家庭结构和人口等因素，合理确定经济适用住房建设规模和各种套型的比例，并进行严格管理。"❷考虑居住需要、保障目的限制以及承受能力等综合因素，我国四种公共住房套型面积应该严格控制在廉租房（30～50平方米）、公共租赁房（50～70平方米）、经济适用房（60～80平方米）、限价房（80～100平方米）范围内。目前我国四种公共住房中缺乏公共租赁房和限价房的面积和套型相关立法规定。各地公共住房套型面积标准不统一，住房标准与公共住房功能目的不适应（过高或过低）。据建设部对27个省会以上的城市的统计，2004—2006年，开工建设的经济适用房套均建筑面积超过80平方米的有13个，其中超过90平方米的有5个。❸

表3-1　　　　我国公共住房体系

房屋类型	舒适型	完善型	改善型	保障型
房屋名称	限价房❹、两限房❺	经济适用房、房改房❻	公共租赁房	廉租房、解困房❼、安居房❽
套型标准	80～100m^2（理想）	60m^2左右（目前） 60～80m^2（理想）	50～70m^2（理想）	50m^2以内（目前） 30～50m^2（理想）

❶ 参见《廉租住房保障办法》第14条。

❷ 参见《经济适用住房管理办法》第15条。

❸ 资料来源《关于改进规范经济适用房制度的研究报告》，建设部课题组，《多层次住房保障体系研究》，中国建筑工业出版社2007年版，第39页。

❹ 限价普通商品房，包括限房价和限地价。

❺ 只在北京地区适用的，指限定套型面积、限定房价的政策性商品住房。

❻ 20世纪90年代末的住房商品化改革后，公房系统中满足市场化条件的住房被出售转化为售后公房。

❼ 根据1990年全国总工会印发的《解决城镇特别困难户住宅问题的若干意见》对人均居住面积2平方米以下，即国际规定的最低标准以下的城镇居民户，要求纳入"解困"方案。

❽ 对人均居住面积在4平方米以下的特困户提供的销售价格低于成本，由政府补贴的非营利性住房。

续表

房屋类型	舒适型	完善型	改善型	保障型
住户特征	中等收入以下的住房困难家庭、拆迁户自住	有一定支付能力但无法利用商品房市场满足住房需求的家庭	没有住房支付能力又不具备廉租房条件的住房困难家庭和特殊住房群体❶	最低生活保障家庭
房屋来源	①房改售后公房;②单位集资建房		①公有住房;②公管住房❷	
房屋维护	受益原则与比例原则			

(三) 公共住房的房屋来源和房屋维护

1. 房屋来源:多元化

在实行直接住房补贴的国家,都实行多元筹措公共住房的原则。日本公共住房就有“公营”住房和“公团”住房之分。前者是指地方政府直接投资建设的面向低收入阶层低标准低房租住宅。后者是指由中央政府设立的国有住宅开发企业投资建设的公共住房。新加坡的组屋政策中,既有由政府建屋发展局直接利用划拨国有土地建设的公共住房,也有从私人那里征用私有土地建设的公共住房。在瑞典,公共住房房源主要由政府、合作社和个人提供。

我国公共住房的房屋来源,主要有四种类型,

(1) 公有住房。其最初的来源主要为:①新中国成立后接管的外国资产;②接收的外逃私人资产;③20 世纪 50 年代市区范围内城镇各单位统一由住房管理局接收管理的住房。

(2) 公管住房。它是指 20 世纪 80 年代住房改革开始后,统一公管的住房又陆续返还给各单位,并鼓励各单位集资建设的各种住房。主要包括:

❶ 毕业大学生、引进人才、企事业单位中的低收入者、暂时性失业、务工人员等阶段性居住困难家庭。

❷ 廉租房的房屋来源:①政府新建、收购的住房;②腾退的公有住房;③社会捐赠的住房;④其他渠道筹集的住房。参见《廉租住房保障办法》第十二条。

①80 年代开始返还给各单位的公房；[1]②80 年代鼓励各大单位自建的公房；③拆迁安置房，90 年代之后拆迁安置房才给予了产权，之前的拆迁安置人只享有使用权，在实际管理运营中也被纳入公管住房的范畴。公管住房与公有住房最大的区别是前者在权属上一般由国家住房管理机关享有和行使房屋所有权，后者通常由建房单位直接享有和行使房屋所有权。

(3) 房改售后公房。20 世纪 90 年代末的住房商品化改革，公房系统中满足市场化条件的住房被出售转化为售后公房，在产权层面售后公房已经不再属于“公有住房”的范畴，是商品房的概念。但实际生活中，大部分的售后公房在出售价格和出售对象上受到限制，并且在空间区位和管理运营上没有脱离公房系统，即私有的售后公房仍然在公管的公房系统中运行。房改后的售后公房成为解决中等收入以下的住房困难家庭、拆迁户自住需要的限价房的主要来源之一。

(4) 单位集资建房。一直以来我国在实际社会生活中存在的单位型、系统型、危改型三种集资建房形式，是作为解决有一定支付能力、住房困难的低收入、中等偏下收入家庭住房需求的主要方式。

除此之外，在筹措公共住房房源的多元方针下，应积极开拓公共住房的其他房屋来源：

(1) 政府新建的公共住房。

(2) 政府采购符合公共住房房屋类型和套房标准，从而可以纳入公共住房体系中的住房。实现现存商品房“公共化”的二次功能开发。包括政府委托代建，房地产企业开发建设、政府采购等方式。

(3) 改建和拆除重建。前者指利用闲置非居住房屋改建公共住房，后者指可以在已建成的厂区、产业园区、高校校区内建设公共住房。

(4) 社会捐赠住房。

(5) 其他方式。包括配建、改建、收储、转化、代理经租等各种方式，多渠道筹措公共房源。

2. 房屋维护：从产权原则向受益原则转化

首先，只要有公共住房，就存在房屋修葺维护、复旧复建、破败退出的

---

[1] 这个过程复杂而漫长，目前仍在持续中。

更新维护问题。以香港为例，从 20 世纪 50 时代开始香港政府兴建的大量供低收入阶层租用的公屋，由于初期建设的标准低、土地利用率低、进入 20 世纪 70 年代便需改造。为此，自 70 时代以来，香港政府制定和实施了一系列的“公共屋村重建计划”、“扩展重建计划”、“整体重建计划”。[1]其次，对公共旧房质量的监管、通过有效的维护保养、延长其使用寿命，比一味注重新建公共住房更能节省资金和管理成本，更符合新建住房与存量住房的效用评价。而英国近年来的新城建设趋于停顿，其重要原因就是因为过去一味注重建立新城，而忽视了旧城改造。建立新城耗用了大批资金，加重了国家的经济困难，反过来也使新城建设无法进行下去。[2]最后，旧房的保养、维护还可以防止和避免，新建住房中被利益制度驱动导致的缺乏相关规定去限制住房的商业化率和非居民用途建设的现象。比如美国五六十年代城市更新中的各种过度商业化现象。[3]

目前我国公共住房管理和维修的资金来源主要有九种[4]。但在实际中由于公共住房维护和更新缺乏制度保障和有效监督，上述资金并不能完全到位，部分地区的公房失修、失养问题比较严重。随着房龄的增加，老旧房屋的各项维护成本逐渐增加，老旧公房社区的安全隐患日益突出，成为矛盾纠纷的一大源头。比如，在上海一半以上的公有住房租给外来人员，安全使用、配合维修的意识淡漠，加剧了房屋的坏损程度。有的房屋存在险情，在查勘或者实施维修时，承租户要求动迁，不让维修。这已经成为危房维修难以实施的重要因素之一。近年来，几乎每年都有塌屋或电线老化起火等险情发生，威胁着公房住户的人身财产安全。

---

[1] 香港公共房屋维护更新详细内容，参见林坚、杨志威，《香港的旧城改造及其启示》，《城市规划》2000 年第 7 期。

[2] 项光勤，《发达国家旧城改造经验教训及其对中国城市改造的启示》，《学海》2005 年第 4 期。

[3] 参见章岩，方可，《是历史在重演吗？——从美国的“城市更新”到中国的“旧城改造”》，《经济理论与经济管理》2008 年第 12 期。

[4] (1)房屋租金收入；(2)公有住房出售的净收入；(3)公房拆迁时产权人应得的补偿款；(4)非居住公房转租时应收取的协议租金；(5)国有公共住房企业利用公有房屋经营或处置授权资产获得的收益；(6)国有公共住房企业上交的所得税由财政返还区房管局或专项用于公房维修；(7)市属盘活存量试点企业集团向房管部门交纳的房产占用费；(8)国有公共住房企业及下属企业获得的经营利润；(9)城市建设维护费。

为此：第一，明确房屋维护的责任主体。受益原则还是产权原则？瑞典 1973 年《房屋更新法》规定房主对房屋的维护具有法律义务，房主必须改善不符合最低标准的住房，而政府则给予必要的补助，促进住房现代化。[1] 在我国，公共住房类型多样，以对住房能够支配使用（直接占有支配和间接所有支配）为标准，包括房屋所有者（享有不同比例大小的产权）和房屋使用者（租赁、借用等形式直接使用），都能从公共住房体系运行中获益，对于舒适型和完善型公共住房房主，无论是享有完全意义上的房屋产权还是分享部分的房屋产权，事实上都利用国家住房扶持政策，以低于或远低于商品房市场的价格获得了住房需求的满足，他们是公共房屋产权层面上的受益者。对于改善型和保障型公共住房房主，虽然没有获得住房产权的满足，但也利用国家住房扶持政策，以低于或远低于商品房市场的价格获得了住房条件的改善，他们是公共房屋使用层面的受益者。根据权利义务对等相当的基本原则，房屋维护的责任主体应该是所有在公共住房体系中获益的人群，即按照受益原则而不是片面的产权原则来分配房屋维护的责任义务。

第二，明确房屋责任承担原则。比例分担原则？所有在公共住房体系运行中获益的主体都是房屋维护的责任主体，在具体分担房屋维护责任和维护费用时，按照责任主体获益的大小按比例分担。在舒适型和完善型公共住房中，房主和房屋的实际使用者，都是住房维护的责任主体，都有安全使用、配合维修的法定义务，维护费用按照两者获益大小，允许当事人协商，协商不成，房主承担第一位义务，房屋使用者承担第二位连带义务。在改善型和保障型公共住房者中，房屋产权归国家所有，但房屋使用者也是房屋维护的责任主体，也有安全使用、配合维修的法定义务，维护费用按照个人获益的大小，合理分担。

第三，规定公共住房最低住房标准。按照公共住房四种类型，通过立法方式分别规定公共住房房屋的最低标准。明确政府对房屋维护的监管，包括监管依据、监管机构、监管方式、监管内容。（具体内容见第四章）

---

[1] 陆介雄等，《住房合作社立法研究》，法律出版社，第 19 页。

三、公共住户的准入退出机制

可以在公共住房的体系内存在和流动的住户类型和资格条件，是公共住房与商品住房主体范畴的区分标准。

（一）公共住户的资格条件

公共住房是一种公共福利产品，供给方式无论是直接住房补贴还是间接的财政补贴，都落实在实际享有住房利益的公共住户，并具体集中于住户的资格条件。

1. 住户资格条件的评估基础——以家庭为单位

公共住户资格条件的评估基础应当以家庭为单位确定，考虑家庭代际、性别和人口等因素。根据实际家庭人口确定在不同类别公共住房中的实际使用面积。常住人口（1～2 人）为低档住户家庭，只能申请某类公共住房最小使用面积套型，常住人口（3～5 人）为中档住房家庭，可申请该类公共住房中端使用面积的套型，常住人口（5～7 人）为高档住房家庭，可申请该类公共住房最大使用面积套型。目前我国四种公共住房中缺乏公共租赁房和限价房的面积和套型相关立法规定。即使是廉租房和经济适用房相关立法，也存在按人均住房面积确定公共住房标准的问题。

2. 住户资格条件的评估原则——分级评估原则

公共住户资格条件的评估应该与公共住房的层级类型相对应，实行分级评估原则。住户的入住资格要求不同，补贴的力度也相应递减。在新加坡对公共住户实行“梯度递减”的住房补贴制度。新加坡申请购买一居室的政府补贴为总价 1/3，申请三居室的政府补贴仅为总价的 5%，申请四居室的不仅没有补贴还要按成本价加 5%的利润，申请五居室的则加收 15%。我国公共住房按照房屋的功能目的和套型面积，划分为保障型、改善型、完善型、舒适型四种。公共住户也应按照经济条件和住房现状划分为保障型申请者、改善型申请者、完善型申请者和舒适型申请者四类，分别享受不同的住房补贴利益。目前我国既缺乏明确的关于改善型和舒适型住户申请条件的评估指标，已有的保障型和完善型住户评估指标立法基本处于地方立法层面，评估标准和评估程序也不统一。

3. 住户资格条件的评估标准——动态评估标准

公共住户资格条件的评估标准，通常以住房支付能力为核心要件。引入以家庭为单位的最大住房支出计算公式，根据家庭住房最大月支出比例划分为不同的住户层级，将公共住房不同类型（保障型、改善型、完善型、舒适型）与特定居住特征的居民资格条件相联系。“最大支付能力”的核心评估要素是家庭可支配收入。首先，家庭资产中的一些内容，包括全部家庭成员名下的房产、汽车、现金和有价证券、投资（含股份）、存款、借出款等并不能直接体现为“可支配收入”。即很多家庭财产内容无法直接转化为以支配性收入为特征的财产形态，比如向企业的投资，更多体现为一种家庭支出，很难直接计入家庭可支配收入的范畴。其次，在现代社会，家庭资产不是一个相对静止的情况。经济流动的普遍性以及财产转移的简化趋势，使得家庭资产的动态变动成为一种普遍现象。最后，公共住户的家庭财产、收入的评估标准本身也会随着社会经济条件整体水平提升而变动。以最大支付能力为核心建构的公共住户资格评价标准如果不能适应这种家庭支付能力发展新变化，必然为公共住房体系内的各种投机行为提供制度空隙。为此，应修正传统的评估标准，在公共住户资格评价制度中增加家庭财产情况评估内容和时间变量评估因素，实行动态的住户资格评估：以家庭最大住房支付能力为核心，评估内容包括：①全部家庭成员名下的收入情况评估；②全部家庭成员名下的财产情况评估；③全部家庭成员名下的住房情况评估；④近三年全部家庭成员名下的收入、财产、住房变动情况评估。⑤近三年本地区平均家庭收入、财产、住房情况的对比评估。

（二）公共住户的人群流动

我国现有的公共住房实行的是分级供应机制：对最低收入者和特殊住房困难家庭供应廉租房，对各类住房困难夹心层家庭提供公共租赁住房，包括暂时性居住困难的特殊群体；对中低收入者供应经济适用房，对中等收入以下的住房困难家庭、拆迁户自住提供限价房；对其他收入高的家庭不供应公共住宅，而是由其自主通过市场购买、租赁商品房。法律规制的重点是每个层级适用对象的条件，体现为准入门槛的设置，然而仅仅只有静态的准入标准规定，会忽略各个层级人群因经济条件和住房条件的变化而产生居住人群流动问题。

1. 公共住户经济情况的动态变化

由于公共住户的评估标准是以家庭为单位，在评估标准上包括家庭所有成员动态变化的收入和财产。处于公共住房各层次上的住户家庭可能会因为经济条件的改变发生垂直方向的流动，即在某一阶段，家庭无力承担购买商品住宅的昂贵费用，只能利用现有的套型面积等比较低端的公共住宅资源来解决生活问题。但随着经济状况的好转，原有的低端公共住宅资源已经无法满足提高生活质量的需求。同时也存在，因家庭经济条件恶化，家庭住房最大可支付能力降低，住房需求反向流动的可能。

2. 公共住户居住情况的动态变化

公共住房的居住条件也不是一成不变的，随着经济的发展公共住房投入资金的增加，以及住房观念的变化，满足了公共住房基本居住的前提下，无论是政府还是公共住户都将不断谋求改善居住条件和居住环境，同时旧有的公共住房则需不断拆迁改造推陈出新，这也会导致居住人群的流动问题。比如英国所谓“梯度建设”就是指居民在住房消费从面积小、条件简陋、价格低廉的住房消费开始逐渐的、分阶段一步一步发展到面积大、条件豪华、价格较高的住房消费的动态消费过程。英国的居民一生大概要换 7 套房子，而每换一次房都会在原有的基础上面积更大、条件更好，直至住上让他们较为满意的住房为止。

（三）人群流动的应对机制

公共住户因经济情况和居住情况原因，在不同住房层级间流动，甚至退出公共住房体系经常发生并普遍存在，然而目前我国：

(1) 欠缺公共住房退出机制的条件和程序设计。准入与退出机制对公共住房具有同等重要意义，根据 Albert Hirschman（艾伯特·赫希曼）的解释退出意味着“自愿离开群体的有效权限”，退出代表着撤回或拒绝的权利。退出能使个人决定他们自己的团体关系或者是通过自由选择决定是否待在他们选择的群体中。当公共住户不再具有某一住房层级的经济条件和住房条件时，应该允许其自由做出退出的选择。与公共住户评估标准相比，我国公共住户资格条件的准入机制在逐渐发展和完善，然而欠缺各层次的退出机制，包括退出的条件和程序设计。比如经济适用房的政府回购的不现实性，使得公共住户几乎没有在系统内部实现层级间选择的退出自由。在荷兰，当低收入者的收入增加不再符合原有住房津贴标准时，政府会通过减少住房津贴、提高租赁成本等促使居民进入市场化的租赁住房市场而自由选择房屋，或提供购房贷款利息减免和首次购房基金资助等优惠政策，鼓励租赁者购买自有住房[1]。这不仅是对公共住户自由选择的一种保障，也有利于不同层级的公共住房能确实满足不同住户群体的住房需要从而发挥其最大居住效益。

(2) 各层级动态变化的适用条件缺乏渠道和依据。对自由的保障除了赋予选择的自由，还需赋予选择的可能。即使在公共住房这样针对中低收入群体的住房福利系统中，为维护公共住户的公平和公共住房的效用，不再具有某一住房层级的经济条件和居住条件的公共住户应该有选择其他居住层级的公共住房的法定权利和现实可能。目前我国公共住房体系既没有实现类型化的静态区分，也没有实现不同类型间相互转化的动态匹配。在荷兰，与公共住户退出制度相伴而立的是公共住户的选择权利，在1989年住房市场化改革前，社会住房采取租赁形式，只租不售；之后，其改革的主要内容之一是鼓励和允许符合条件的公共住房通过购买社会住房的形式获得房屋产权[2]。这种法律制度不仅可以将公共住房按照功能目的和套型面积划分为不同的保障层级进行区分性的营运和管理，同时也在各保障层级的制度设计中预留衔接不同层级相互转化的标准、条件和程序。

(3) 缺乏对动态人群流通的监管机制。公共住户的人群流动是一个时常变化的动态过程，这要求政府监管机制也要回应和反映这一动态变化过程，并在整个实际营运管理中以政策制定和行为指导的方式将其规制在公共住房法律秩序允许的范围内。比如美国和德国都采用以平均工

---

[1] 胡金星、陈杰，《荷兰社会住房的发展经验及其启示》，《华东师范大学学报（哲学社会科学版）》2011年第2期。

[2] 胡金星、陈杰，《荷兰社会住房的发展经验及其启示》，《华东师范大学学报（哲学社会科学版）》2011年第2期。

资与公共住房价格(住房租金)之间保持合理的动态的比例的监管方式❶。而英国控制居民的平均住房消费一般只占到总消费的25%~30%之间。香港政府控制租金水平一般占家庭所得收入的5%~15%,针对特殊住户的租金有时会低至家庭收入的2.5%。目前我国对公共住房的行政监管采用静态的准入规制模式,缺乏对公共住户居住阶层流动进行追踪、评估、分析的动态监管机制。

公共住房是一个与商品房现对独立的自我实现系统,对其上权利制度的考察既要对静态的准入标准和资格做出精确地分析,更要注意不同标准之间的相互承接,以及人群流动和房屋变动对公共住房的影响。

第二节 公共住房私权配置的制度内容

一、公共住房的权利模式

(一)公共住房与商品房区分的权利模式

公共住房系统与商品住房系统明确区分,在公共住房制度体系内部,根据住房所有权与使用权的区分,分别在住房使用权与住房所有权的不同层次,制定相互独立的公共住房运行机制和法制体系。租住公共住房和购买公共住房分别适用不同的资格条件和程序要求,符合资格条件的公共住户按照家庭情况可自由选择租住或者购买与之适应的公共住房类型。此种公共住房权利模式中,住房使用权与住房所有权没有必然的牵连关系。

该种公共住房权利模式特点为:第一,公共住房与商品住房是完全独立并行的两个系统,享有商品房所有权并不影响申请租住或购买公共住房,公共住房和商品房一样同时存在以住房分配为主的一手市场和以住房流通为主的二手市场。第二,在公共住房系统内部,公共住房的所有权和使用权相互独立,取决于符合资格条件的公共住户的自由选择。第三,在公共住房系统内部,公共住房的所有权与使用权被严格限制。

在新加坡,公共住房体系是与商品房体系明确区分的相互独立的住

❶ 参见许德风,《住房租赁合同的社会控制》,《中国社会科学》2009年第3期。

房系统。前者主要以公共组屋支撑。按照家庭月收入情况，划分为月收入 800 新元以下，4 000 新元以下，4 000 新元以上三个层级，第一个层级可以租用公共组屋，享受只占组屋总量 5%左右的住房资源，且租金低廉。也可以购买公共组屋，享受房价 95%的公积金贷款优惠。第二层级只能申请购买公共组屋，享受房价 80%的公积金贷款优惠。第三层级无权购买组屋，只能按照市场价格在商品房市场购买私人产业房。在新加坡，既有商品房又申购公共组屋的，必须在组屋中居住，这是对组屋使用权的限制。再如一个家庭只能购买一套组屋，这是对组屋所有权的限制。

(二) 公共住房与商品房混合的权利模式

在住房的实物形态上，并不存在一个与商品房系统明确区分的公共住房体系，或者实物形态的公共住房体量非常小❶。国家对公共住户的福利补贴都以财政货币形式，通过公共住户在商品房市场上自由选择租住住房或者购买住房而获得不同条件不同方式的金融补贴实现住房需求。国家对公共住房运行监管完全转化为对公共住房财政金融补贴系统的监督和调控。此种公共住房权利模式中，住房使用权与住房所有权没有必然的牵连关系。

该种公共住房权利模式特点为：第一，并不存在一个与商品房清晰区分的实物形态的公共住房系统，事实上，公共住房制度依然主要是在商品房系统中运行，公共住房的管理主要体现为对货币化后的住房财政补贴监管。第二，公共住房的所有权和使用权相互独立，取决于符合资格条件的公共住户在商品房市场上的自由选择。第三，对公共住房财政补贴的使用，只受目的功能的限制，即只要用于家庭住房开支，其他住房行为则完全由商品房市场调节。

在美国公共住房主要通过住房财政补贴政策在商品房市场上完成。凡家庭收入未达到所在地区家庭平均收入 80%家庭，均在申请住房补贴的范围内。美国的住房财政补贴主要有三种形式：第一种向低收入家庭发放住房券，补贴家庭总收入 25%用于支付房租后超出的部分。目前，在

---

❶ 在美国实物形态的公共住房在全部住房存量中的比例不足 2%。参见王洪春，《住房社会保障研究》，合肥工业大学出版社 2009 年，第 128 页。

接受政府住房资助的家庭中，大约 60%是选择租金补贴券形式。第二种是税收减免。包括符合各种自建、自买、大修住房的低收入家庭享有的个人所得税和财产税的减免。第三种是直接对低收入家庭提供的低于市场租金价格 20%～50%的公共住房。但这种形式由于在房源选择和申请条件上都受到严格的限制，一直不是美国公共住房模式普遍形式。

两者比较，美国租售并行模式，因为借用了商品房成熟的市场调节机制，能集中于对货币化后的住房财政补贴进行监管而减少了管理环节、节省了管理成本。但往往难以克服市场失灵的制度缺陷，在实现公共住房社会保障功能的社会价值上不如新加坡租售分离模式的直接、全面和高效。新加坡租售分离模式往往需要政府大量公共财政支出建设实物形态的公共住房，并且与商品房独立运行的两个住房体系，在管理成本和管理环节上都需政府持续地投入，但能保障公共住房居住保障功能的社会价值及时全面地实现。简言之，美国的公共住房权利模式偏重于住房效率，新加坡的公共住房权利模式偏重于住房公平，是不同的社会价值取向在社会制度建构中不同选择的反映。影响公共住房权利模式选择的因素包括但不限于：第一，当前社会主要矛盾；第二，国家政治经济条件；第三，相关的制度配套情况；第四，居住人群选择偏好。但从全球主要国家发展规律看，包括美国在内，在公共住房的初创阶段都历经过大规律的公共住房建设时期，数量充分类型多样的各种公共住房是公共住户自由选择、享有并行使公共住房权的物质基础和前提条件，我国的公共住房权利制度建设也无法跨越或者脱离这一阶段。两种权利模式相比，前者对我国目前的公共住房制度建构更具借鉴价值。

二、公共住房的静态权利归属

（一）产权类型及效益评价

1. 国家所有（政府新建或者回购）

由政府拥有公共住房产权：①在资产运营上，政府需具备强大的财政专项资金和土地储备供应来保障政府公共目标的实现。因为在房屋建设、使用、处分上享有绝对的支配力可以减少因产权分散导致的管理环节增多和管理效率低下的问题。②在房屋维护上，政府拥有全部产权，也承担了保障房屋结构安全和房屋功能正常使用的全部义务，但需要公共住户作为房屋实际使用人，在维护房屋的结构完整和功能实现上积极配合和协作。双方在房屋维护上的共同意愿和行为选择取决于双方充分的信息沟通与良好合作。③在物业管理上，政府主导着物业管理公共事务，而房屋真正使用者公共住户对于涉及他们实际利益的公共住房事项没有发言权，更谈不上决定性和影响力，住户参与意识与配合自觉可能被压制，造成物业管理成本增加。

2. 私人所有(私房公用)

由个人拥有公共住房产权：①在资产运营上，个人需具备一定的经济实力承担购买和维持公共住房的成本费用。对于中低收入者尤其是最低收入人群可能难于实现。②在房屋维护上，个人拥有全部产权，也承担了保障房屋结构安全和房屋功能正常使用的全部义务，但由于权力和市场共同作用导致的社会隔离和空间极化[1]，房屋住户之间的交往减少，个人对房屋管理公共活动的参与度与认同感大幅降低，在房屋维护的公共领域，个人间合作愿望和协同行为的困难增加。③在物业管理上，个人主导着物业管理公共事务，由于房屋共有部位和公用设施设备并非与每套住房直接相关，共有部位、公用设施设备损坏可能只影响少量房屋的正常使用，同时房屋住户在共同关注和利益联合上的脆弱。房屋产权由个人享有，分散的产权结构在住房物业管理上可能增加交互的困难和合意的障碍。

3. 社团所有(住房协会共有)

由住房社团拥有公共住房产权：①在资产运营上，政府需在财政资金、土地供应、房产税收等方面给予倾斜性支持和保障。在房屋建设、使用、处分上由住房社团这一联系国家与个人的中间团体来支配和控制，国家因下放和外移住房管理职能给住房社团而减少管理环节和节约管理成本。②在房屋维护上，住房社团拥有全部产权，也承担了保障房屋结构安全和房

[1] 关于中国社会转型时期权力与市场对城市居民住房问题的影响，参阅李斌，《中国住房改革制度的分割性》，《社会学研究》2002 年第 2 期；孙立平，《社会转型：发展社会学的新议题》，《社会学研究》2005 年第 1 期；Akos Rona-Tas，“The first shall be last? entrepreneurshipand communist cadres in the transition from sociology”，American journal of sociology，Vol. 100，No. 1；边燕杰，刘勇利，《社会分层、住房产权与居住质量——对中国“五普”数据的分析》，《社会学研究》2005 年第 3 期等。

屋功能正常使用的全部义务，由其直接监督和保障其成员——公共住户在维护房屋的结构完整和功能实现上积极配合和协作。住房社团通过建构内部的治理机制，包括自治机制、自律机制和责任机制，来实现和保障其成员在房屋维护上的自觉与自愿。③在物业管理上，住房社团主导着物业管理公共事务，而房屋真正使用者公共住户通过私权自治来表达他们在公共住房事项上的权利，保持对自我事务的决定性和影响力。总之，社团享有公共住房产权的基础是建构一个具有完全权利能力具有完整治理机制的能够联系国家和住户的中间法人团体——公共住房社团。

4. 公私共有

由政府和购房人按出资比例共同拥有住房产权：①在资产运营上，政府拥有部分产权后，其前期资金投入和土地投入都以对房屋享有一定支配权力形式回馈，从而保障了政府效益的回收，有效减轻财政压力。同时产权共有也让公共住户少出一大笔资金．对于经济能力更弱的贫困人口而言，产权共有是一种满足其支付能力的可选方式。②在房屋维护上，政府拥有部分产权，有义务保障房屋结构的安全和房屋功能的正常使用，同时公共住户作为房屋产权人，能自觉地维护房屋的结构完整和功能实现，双方在房屋维护上具有共同的意愿和行为选择，可以通过日常良好的养护来降低房屋拆建新修的成本。③在物业管理上，政府和住户都是公共住房的产权人，依据受益原则按出资比例承担物业管理费用，不仅可以减少政府财政支出和公共住户的物业费用，更重要的是政府保留了在物业管理公共事务上参与与主导的权利，避免公共住房物业管理中的公共困境。

四种公共住房产权类型，在资产运营、房屋维护和物业管理上各有利弊，一个成熟的公共住房体系内部应该同时并存多种的公房形态，通过他们相互之间的配合与补充、对抗与竞争，避免单一化造成的制度缺陷。

（二）权利基础与权利结构

目前主流学说和多国立法将住房的权源基础归入建筑物区分所有范畴，以房屋所有权为主要依据来确定住房的权利义务责任分配。[1] 公共住

[1] 参见中国《物权法》第六章，日本《关于建筑物区分所有的法律》，法国《关于分套房间之不动产（公寓）之共有》等。

房的权利结构依然在“建筑物区分所有”的范围内。我国物权法规定：“业主对建筑物内的住宅、经营性用房等专有部分享有所有权，对专有部分以外的共有部分享有共有和共同管理的权利。”❶立法将业主“对专有部分享有的所有权”与“对共用部分享有的共有和共同管理的权利”进行了区分。对此日本的学说和立法采“公用结构不成立区分所有”的立场，规定“供区分所有权人全体或部分共用的建筑物部分，不成为区分所有的标的”。❷将建筑物区分所有局限于业主专有部分。根据台湾学者对建筑物区分的定义“数人区分一建筑物而各有其一部分者，谓之区分所有。其区分之各部分，为独立之权利客体，于其部分成立单独所有权”❸可以推导出，同样将业主专有部分的建筑物区分所有与共用部分的共同所有和公共管理相互区分。我国部分学者在物权立法期间提出了“建筑物区分所有权的二元论说”，力图用建筑物区分所有权来统领业主对专有部分和共用部分的两项权利，认为两者可以构成一项复合性权利。❹ 然而业主在专有部分享有的权利符合排他性支配的全部物权基本特征，是完全意义上的物权；业主在共用部分享有的权利，无法实现分割性地独占使用，不能完全满足物权排他性支配的基本要求。其原因在于住房公共部分，尤其是公共住房公共部分具有准公共物品性质，该类物品不仅用于某种公共目的，同时需被一定范围内不特定多数(住户)实际使用。

公共住房在“物品序列”中处于准公共物品(制度或服务)的位置。首先，公共住房具有在特定社会范围内“使用的公益性和消费的非排他性”的公共物品特征。“使用的公益性”意味着公共住户对公共住房(包括制度或服务)的消费或者不消费，都不会减少或阻止其他住户同样的消费。“消费的非排他性”则表明想将任何公共住户排除在公共住房利益之外也是不可能的，或者成本支出超出了合理的程度。其次，这种非排他性和非竞争性只局限于特定范围内——通常是公共住房小区范围内，局限于社

❶ 《物权法》第七十条。

❷ 日本《关于建筑物区分所有的法律》第 4 条第一款。

❸ 史尚宽，《物权法论》，中国政法大学出版社 2000 年版，第 120-120 页。

❹ 参见中国社科院物权法草案建议稿第 90 条，周林彬，《物权法新论》，北京大学出社 2002 年版，第 484 页。

会中观层面，公共住房的公共性并不像典型的公共物品那样针对所有社会成员❶，在社会宏观层面发挥效力，因此它被归入准公共物品的分类中。最后，准公共物品的性质决定了在住宅小区范围内每一个公共住户不能排他性独占住房管理的权益而只能共享，这使得建构其上的权利不能被每一个公共住户排他性支配（独占）而只能共享。公共住户在共用部分享有的共有和共用管理权利的特殊性，是由其权利标的——公共住房的准公共物品的属性决定。这与商品房业主对商品住房的权利标的——私房使用、收益、处分（支配）行为的私人物品属性不同。❷

将住房的空间场所区分为专有领域和共用领域，公共住房涉及的权利空间主要集中于住宅的共用部分，❸对于住宅的共用部分主要问题集中于管理和运营。“以管理、营运的合理化为目的，为顺利进行区分所有建筑物的重建和管理的切实可行。”❹形成了在住房专有部分以权利人独占性使用、收益、处分为主要支配内容（权能）的住房专有权，在住房共用部分以权利人共享运营和管理为主要内容（权能）的住房管理权，两者不是并列型的同一性质的两个权利。住房专有权与住房管理权，是有上下之分的基础权利与派生权利的关系。第一，享有住房专有权是享有住房管理权的前提。在住房范围内，所有住户在获得住房专有权后，通过自愿缔结管理章程，允诺自我约束将部分个人自由与专有权能让与住房管理机构集中行使，住户的权利让渡是住房管理权的权能来源之一。第二，住房专有权与住房管理权的一体化。由于住房管理权部分权能来自业主私房专有权的让渡，两者的享有和行使具有密不可分的关系，同时产生，同时消灭，一并转移，住房专有权人不能将住房专有权和住房管理权分开

---

❶ 比如国家职能性公共物品、制度性公共物品、基础设施类公共物品、公益性公共物品、福利性公共物品、知识性公共物品、教育性公共物品、环境保护性公共物品等。

❷ 对于此类准公共物品一个人不可能像拥有手表或者鞋子一样对其拥有排他性的财产权，他仅仅拥有使用权——一种结合了其他人使用的利益。对于某种有着特殊的公共使用性质的准公共物品，完全适用私人性排他性的财产权是不合适的。

❸ 是指不属于业主专门所有，也不属于市政公用或者其他权利人所有的建筑物、场所、设施设备以及资金等。主要包括共同结构部分”（结构上不可分割的共有部分）、“共同使用部分”（功能上不可分割的共有部分）、“公共资金”（共有部分财产和孳息的资金表现形式）等。

❹ 【日】近江幸治，《民法讲义：物权法》，北京大学出版社 2006 年版，第 183 页.

处分。

对于公共住房社区而言，虽然住房产权层面的类型多样，存在公有、私有、公私共有多种形态，但都有在同一个社区范围内公共空间和公共设施的使用、管理问题。换言之，公共住房社区的住户对房屋专有权的性质和类型不同，以对住房能够支配使用（直接占有支配和间接所有支配）为标准，包括房屋所有者（享有不同比例大小的产权）和房屋使用者（租赁、借用等形式直接使用），对房屋专有空间享有不同程度的支配性权利，同时都对社区公共空间、公共设施、设备享有共同管理的权利。公共住户应根据公共住房权利义务责任分配中的"受益原则"和"比例原则"（参见第三章第一节）共享住房管理权，共担公共管理责任。舒适型、完善型、改善型和保障型公共住房房主，虽然对各自住房的专有空间依据的权利性质不同，但都是公共住房社区住房管理权人，对房屋专有空间享有的不同类型不同性质的权利同样是"公共社区"住房管理权重要的权源基础。在此基础上成立的由公共住户、国有住房所有者、住房社团等组成的管理团体，在管理功能上类似于私房社区的业主大会，同样可以采取团体管理和集体决策的意思决定主义，具体行使公共住房自治管理权利和管理事项。

（三）权利行使与权利限制

传统观念认为，权利行使具有绝对性，这种观念在个人本位时期盛行，并在权利本位的私法体系中得到确立。进入垄断时期后，诚信原则推行权利社会化的结果出现了防止权利滥用的权利限制理论。

1．一般权利限制因素

禁止权利人超过正当界限而恶意行使权利，即要求民事活动的当事人在行使权利和履行义务的过程中，实现个人利益与社会利益的平衡。权利滥用行为是不正当行为之一，本质是行为目的不正当。"权利之滥用和权利的目的有密切的关系，权利的目的所发生的压制作用，在社会上是不可或缺的，是由于从各种权利的社会任务中所产生的限制。"[1]此处对行为"目的"的理解含有主客观两种因素。一种是行为人的动机——主观的

[1] 【法】路易若斯兰，《权利相对论》，中国法制出版社2006年版，第195页。

个人的因素，一种是权利的任务和目的——客观的社会的因素。对于构成权利滥用的限制标准和立法体例也有主客观两种分类：①主观标准说，德国以意思为鉴别的立法，被认为是一种主观的以动机为基础的理论和立法。包括意思和技术的判断因素。❶ ②客观标准说，瑞士以任务为鉴别的立法，以违背权利所负载的社会任务（目的）为权利限制的主要判断标准。包括经济和社会的或目的的判断因素。❷ 路易·若斯兰认为所有考量标准都可归纳入一种标准之下，而最终以“正当动机”作为直接的裁判依据。并将法院对这个问题的判断划分为两个阶段两个层面：第一是事实层面，寻求权利人所以如此行为的理由，这是事实判断；第二是法律层面，决定这些理由是正当的还是违背制度精神的，这是法律判断。对制度精神的判断，其内涵既包括主观的行为人的意思和内心，又包括客观的技术的情形、经济的价值判断和社会的目的考量，是主客观混合。既可以在法学理论、司法判决、规范法条中归纳、建构、适用，又超越了这些实际层面的客观法，被认为“构成一种内容丰富的自然法，成为一种超法律”。❸

2. 公共住房权利限制因素

对公共住房权利行使时的限制来说，需要具备的主客观标准包括：

第一，意思的因素：害意及附从于害意或近乎害意的意思，公共住户在行使公共住房权时是否以损害他人为目的，这里的他人也包括以社会整体利益为代表的国家或者政府机构。

第二，技术的因素：公共住户行使公共住房权时有无过失，包括轻率、疏忽、大意、无度、不适时、不合理的冒险等。比如韩国在面对房地产投机行为时，规定对拥有 3 套以上住宅的居民转让房地产课以 60%的高标准转让税，而墨西哥则采取了限制最高空房率、设定最高房价以及提供官方参考房价等措施。这些规定都是为防止公共住房权利的过当行使采用的防范措施。

第三，经济的因素：公共住户行使公共住房权时有无正当利益，换言

---

❶ 参见德国民法 226 条和 826 条。

❷ 参见瑞士民法第 3 条。

❸ 详见【法】路易若斯兰，《权利相对论》，中国法制出版社 2006 年版，第 246 页以下。

之，如果在利益衡量上出现严重利益不对等或者缺乏正当利益的理由，也可以成为公共住房权利限制的依据和理由。比如美国法律明确规定当收入超过了标准但居住于政府保障性住房之中分享国家优惠时，就必须每周向社区提供二十小时的义工服务，以补偿其所占用的国家福利，否则将受到法律的制裁。

第四，社会的或目的的因素：是否符合法律的目的，是否违反法律的本质，是否转变权利的社会任务。公共住户行使公共住房权时是否符合公共住房法律制度追求的制度精神，包括公共住房的效用价值和公平价值以及社会保障、社会福利功能和目的。在新加坡，购买组屋后一定年限内不得把整房出租，仅允许房主与租户合住，购买五年内，组屋不得转让，也不能用于商业性经营。在英国，政府通过规划手段，强制要求新的住宅建设项目必须有一定的低收入居民住房，从目前的实施结果看这个比例平均占建设总量25%。[1] 这种配建要求也被看作是对公共住房投资者权利的一种社会目的限制。

三、公共住房的动态权利变动

（一）公共住房权利变动的体系

1．独立的公共住房流通体系

基于公共住户经济条件变化导致的向上或向下住户流动需求压力，以及房屋使用条件变化导致的修葺维护、复旧复建、破败退出的房屋更新维护需求，主要通过构建与普通商品房区分的公共住房自有体系来解决和释放。将保障型、改善型，完善型、舒适型四种类型，包括廉租房、解困房、安居房、公共租赁房、经济适用房、房改房、限价房、两限房在内的公共住房，归并为同一个系统运营和管理，按照所有权与使用权的分类标准，划分为租住环节、购买环节，再加入公共住户、住房法团、政府租售、回购和公共住房二手市场的制度配建，使公共住房成为一个相对独立又自我循环的理性流动系统。

---

[1] 王洪春，《住房社会保障研究》，合肥工业大学出版社2009年，第108页。

2．公共住房权利法定原则

公共住房的种类、套型标准、住户资格条件、变动程序应该是得到社会普遍公认的统一标准，而不能由当事人通过合同随意创设，作为权利法定原则，其种类、标准、条件、程序必须由法律规定。法律并不能无限度地创设公共住房的种类、标准、条件和程序。而只能对那些不可或缺的权利类型和权利内容进行规定，使之符合社会的需要。具体而言，我国立法应该明确规定，满足不同套型标准和房屋种类的公共住房，分别与满足相应资格条件的公共住户对应，无论是舒适型和完善型公共住房的所有权，还是改善型和保障型公共住房的使用权，都可以在专门的公共住房新房流动系统和存量房流动系统中，依法管理，通过住房市场的“过滤”作用[1]，实现依法变动。

当某一类型的公共住房收入、资产和住房条件改善后，可以按房屋类型和产权比例，在政府的支持或主导下，由其他公共住户、住房社团或者政府租售或者回购再利用。因此，各种类型的公共住房可以不断地为将来新的需要住房保障的人群服务。在独立的自循环机制作用下，一套住房可以在有效期限内解决几户甚至更多户符合住房条件人群的居住问题。政府主管机关应该通过对公共住房流动体系的业务指导、价格监督和规则设计，来促进公共住房的内部流通，使法定公房循环机制能及时有效地发挥公平和效益的双效作用。

3．私人、住房社团、政府租售、回购的差序格局

在公共住房独立系统中，公共住户、住房社团、政府都发挥着积极作用，其中，公共住户是公共住房权利义务最基本的承担者，也是公共住房权利最终的履行者；住房社团则能够弥补权利人与房管机关在社会经济生活中差距，实现公共住房个人、国家、管理团体广泛的联合；政府在公共住房领域的作用全面而深入。

在公共住房系统中，公共住户的自由选择、住房社团的作用与影响，政府收购或回购三者之间，并不是平行并举的关系，从各国实践经验看，

[1] 住房的过滤现象，指高收入层次的住户通过购买或承租搬迁到更高等级的住房后，其原有住房就会“过滤”到较低收入层次住户的“手中”。

三者存在先后差序格局。首先，尊重公共住房权利人对住房租售的自由选择，将其作为公共住房权利设计的首要原则，包括公共住户租售选择的自由和选择的可能。其次，重视和发挥住房社团在公共住房租售中作用和影响，将其作为公共住房更新维护中联系个人与国家最主要的组织实体，是实现公共住房生产、流动的主要参加者和承担者。最后，政府收购和回购只适用于特定情况下公共房屋的更新改建，将其作为补充实现公共住房社会目标和价值最后的保障。

香港在对公共村屋的旧城改造中，就遵循了这一模式，在社会实践中取得了良好的社会效果和经济效益。[1] 1974 年开始香港政府允许房屋协会[2]通过磋商的方式收购物业。若不能成功，则由政府代为收购，由房屋协会进行重建，并对受计划影响的人士按折扣价出售改造完成的物业，剩余部分仍然按照市场价格销售。而 1988 年之后土地发展公司[3]，只有在用尽各种公平合理的措施难以完成收购物业的情况下，才可向政府申请动用《官地收回条例》进行强制性征购。在德国，只有房地产所有者不能承诺按照改造的目标和意图利用建设用地时，地方政府才有权实施预购权以及终止租赁合同。[4]

鉴于目前我国公共住房体系建设和权利设计的现状，采取在尊重公共住户自由选择的基础上，发挥住房社团的作用和影响，政府收购只做补充保障的模式，能更多地发挥私人在公共住房中的作用，尤其要重视住房社团在公共住户与国家之间的桥梁作用。由于长时期的计划经济体制造成社会资源不足，以及社会对国家的长期依附造成社会自治经验不足，尽管在中国，民间组织的数量在稳步上升，同时居民对于自己权益的维护也日趋高涨，但许多民间组织在注册上、资金运作上和人力资源的操作上都有很大的困难。居民和民间的各种住房社团在公共住房流动体系中享有充分的参与权进而去维护自己的权利这样一种局面的产生仍然需要政府的大力扶持和制度保障。

---

[1] 林坚、杨志威，《香港的旧城改造及其启示》，《城市规划》2000 年第 7 期。

[2] 成立于 1948 年的一个非赢利性民间组织。

[3] 根据《土地发展公司条例》成立的半官方的旧城改造机构。

[4] 项光勤，《发达国家旧城改造经验教训及其对中国城市改造的启示》，《学海》2005 年第 4 期。

(二)公共住房权利变动的条件

1. 先租后售的权利变动

在公共住房系统内部,将租住公共住房作为购买公共住房的先行条件和前置程序,分别制定租住公共住房和购买公共住房的资格条件和程序要求,包括由租住公共住房向购买公共住房的转化条件和程序。符合资格条件的公共住户必须先行申请租住公共住房达一定年限,并满足其他购买条件,才能申请购买公共住房。此种公共住房权利变动模式中,获得住房使用权是获得住房所有权的必备条件。

以英国为代表,租住公共住房往往是购买该住房的前提条件。1980年英国《住房法》规定:租住公房的住户,住满两年后即有权以优惠折扣价格购买所住的公房。优惠折扣价格起点根据房子新旧程度划分为房价30%和44%两档,再以居住年限每年以房价的1%或2%折减。公房租住人还可以先行购买居住房屋的部分产权,等收入增加后再购买下居住的整套房屋。目前,英国拥有自有住房人群中约10%是通过购买现住公房的方式实现的。

该权利变动模式特点为:第一,虽然也存在公共住房与商品房两个实物形态的住房系统,两个住房系统通过国家公房优惠购买政策相互连通,逐渐融合。在英国自20世纪80年代以来,公共住房与商品房在物业管理、房屋维护、小区建设和权利规制上逐渐统一。第二,在公共住房系统内部,公共住房的所有权和使用权具有牵连关系,租住公共住房往往是购买该住房的前提条件。第三,在公共住房系统内部,公房的所有权与使用权共同之处都是对住房的一种实际支配状态,区别在于对处分权能的限制程度。根据房屋处分权的限制大小,出现了介于所有权与使用权之间的共有产权类型。既不是完全的房屋所有权,也不是典型的房屋使用权的中间状态。

2. 先售后租的权利变动

在公共住房系统内部,对已经出售(包括部分出售)的公共住房,当公共住户因经济条件或者住房条件得到改善而选择其他住房时,政府可以回购或者置换已出售的公共住房,经整理、翻修、复建、改建后,将达到不同类型标准的公共住房再次投入公共住房系统出售或者出租。此种公共住房权利模式中，住房所有权是行使住房使用权的前提条件。

中国从1980年住房改革以来，持续地将公房系统中满足商品化条件的新旧住房向居民个人出售，其中向高收入职工家庭出售公房实行市场价，向中低收入职工家庭出售公房实行成本价。1994年后开始建立和完善以经济适用房为主的多层次城镇住房供应体系，陆续推出了限价房、双限房、经济适用房等多类型公房。1998年开始将公共住房建设与旧城改造相结合，将城市更新过程中征收和拆迁的房改房、经济适用房等，整理、翻修、复建、扩建、改建、异地再建成达到不同类型标准的公共住房，再次投入公共住房系统使用。

中国先售后租权利变动模式特点为：第一，在中国事实上存在公共住房与商品房两个实物形态的住房系统，自20世纪80年代以来，房改房、经济适用房、廉租房和公共租赁房构成了公共住房系统的主体部分。公共住房与商品房在物业管理、房屋维护、小区建设和权利规制上呈现明显的差异性。第二，在公共住房系统内部，公共住房的所有权和使用权具有牵连关系，虽然立法和政策并没有明确规定租住是购买公共住房的先行条件和前置程序，但租住人往往具有优先购买权和现实的便利条件。[1] 第三，在公共住房系统内部，公房的所有权与使用权相同之处都是对住房的一种实际支配状态，区别一是对住房处分权能的限制大小，二是对住房用地的支配状态。前者是住房所有权与使用权区分的关键，也存在介于所有权与使用权之间的共有产权类型。后者是公共住房系统与商品房系统区分的关键，利用对住房用地支配控制实现两个住房系统的转化。

(三) 公共住房权利变动的界限

在考察公共住房权利时，在静态的权利归属层面，存在住户对公共住房权利支配行使的限度和范围问题；在权利变动时，同样存在住户对公共

---

[1] 将租住公共住房作为购买公共住房的优先条件和程序，具有的优势是：①满足中低收入家庭居住的第一需要；②通过居住使用的先决条件，可以杜绝公共住房的投资或者投机行为；③符合公共住房内部人员经济条件和房屋居住条件不断动态发展的规律，当居住条件改善或者住户经济条件改善时租住者可以利用租住优先权获得产权或者部分产权。

住房权利支配行使的界限和范围。权利变动是在一个时间段内发生,因此在判断公共住房权利变动限制时,需增加一个时间变量,将其放置在一个由主客观标准和时间变量组成的交叉数轴中去考量。(图 3-1)在权利变动的时间进程中考察反映和度量公共住户权利行使的判断标准。

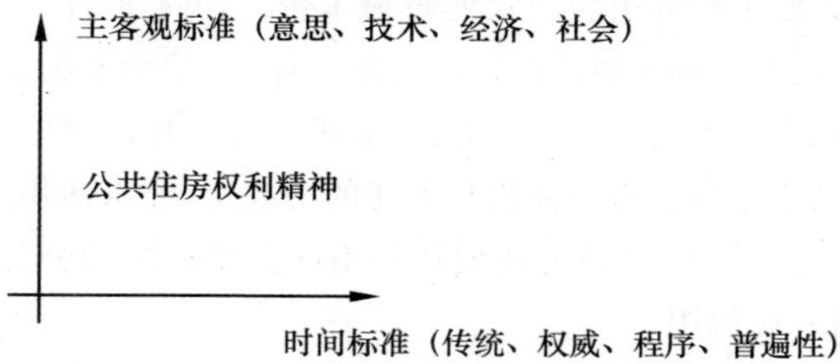

图 3-1

对公共住房的权利限制来说,需要具备的时间标准包括:

传统的因素。考虑历史长期传承的价值理念对公共住户行使住房权利的影响。比如尊老爱幼、扶贫积弱等传统伦理价值对权利行使的作用。比如法国政府规定,每年的冬季,房东不可驱赶交不起房租的租房者。这是因为在人权思想发源地的法国,长期以来都极为重视保障居住权,将其作为人权保障的重要组成部分。对房东权利的限制是该国传统价值对住房权利影响的结果。

权威的因素。房屋管理机关的权威性也对公共住户行使权利有影响。"通过(行政)程序而合法"这一命题在公共住房领域得到了证明,"创造法律的,不是事实,而是权威(权力)",[1]房屋管理行政机关被赋予一定的权威性,其对公共住房予以的行政性限制因具备权威而被普遍认可。美国的住房部几乎可以完全独立地不受国家其他部委的干预和限制,行使包括土地供应、市政基础设施的建设、分配制度、债券与基金的发行、社会建设力量的组织以及按揭贷款与担保等权力。美国政府通过住房部这一具有权威性的组织机构,统一负责公共住房的相关事务,对公共住户的权利产生诸多影响。

程序的因素。公共住房的权利变动严格遵循程序公正。通过程序公

---

[1] 【德】魏德士著,《法理学》,丁晓春、吴越译,法律出版社 2005 年版,第 139 页。

开、公正、公平来体现和增强公共住房法律制度的权利精神。在美国，因旧城改造引起的公共住房权属变动，将居民参与作为最重要的程序公正环节。从1954年开始邀请当地的居民参与完善和执行城市更新项目。出现了很多通过社区居民的努力成功保护家园的案例，这些各种形式的反抗运动被认为构成了自20世纪60年代末开始的社区组织和社区发展运动的基本雏形。在新加坡，组屋分配制度公开透明，通过政策目标的规范化立法、考核标准的条款化合同管理以及组屋申请公告、轮候配售制度实现过程公平。

普遍性的因素。社会的思想与习俗既能进化，权利的原因及精神亦可变迁，某种动机在以前是正当的，在现在可以构成权利的滥用。反之，某些目的和动机在以前可能没有被普遍接受或者认可，在现在却可能产生新的权利变动的原因。由此，公共住房权利应该符合社会当前的被广泛认可的思想和习俗。在西方国家虽然住房市场通常采用市场自由定价的方式，但在20世纪80年代后为解决中低收入阶层的住房问题，在公共住房领域普遍采用了租金限制，德国的租金低于市场租金一半，美国则为市场租金30%～50%，英国规定租金相当于当时房价的1.1%。在美国，公共住房的租赁权利变动也经历了一个从无限制到严格限制的发展历程。20世纪60年代以前，美国地方公共住宅管理局驱逐租户的权利几乎不受任何限制。到70年代，公共住宅的租户非有正当理由不受驱逐的原则被联邦、各州的法律和案例普遍认可。在正当理由驱逐的保护下，租户实际上享有了一种默示续约权，在某些情况下，法院对租户这种默示续约权采取倾斜性保护，以至有学者认为这表明租户续租的愿望得到了社会的认可，该默示续约权已经成为租户享有的一种法定权利。[1] 这些变化都反映出公共住房权利受社会主流思潮和社会需求的限制和影响。当权利变动的目的和动机被社会普遍接受并体现在司法实践中时，权利变动的原因就获得了正当性。

---

[1] 包振宇，《美国住宅租赁法律制度研究——以承租人住宅权保障为例》，《美国研究》2010年第2期。

第三节　公共住房私权配置的制度工具

权利自治在公共住房中的适用，需要通过技术性工具来实现，权利配置方式的选择是公共住房在占有、使用、交易、流通中的法律型塑工具，它影响并决定着公共住房权利机制的形成与架构。在这一过程中"契约、准契约、组织型契约、法定财产"等多种工具性制度被采用。

一、公共住房准契约的适用

"合同是创造性塑造的工具，理性计划的工具"，[1]在市场背景下，无论是公房所有权还是公房使用权都具有财产性[2]，即公共住房权具有在流动中价值再现和个人利益实现的可能，但需以准契约这一制度工具承载与体现。

首先，公共住房在土地、房建、金融财政、税收、规划、流转（买卖、租赁和置换）上都实行倾斜性的政策扶持和利润控制，多个环节节省的成本利益在房屋终端使用——公共住户权利上集中，这样才使得公房所有权和公房使用权具有了价值积聚和个人福利实现的可能，由此公共住房权的财产性是国家福利让渡的结果。

其次，公房体系与市场体系区分是这种价值再现的前提条件，没有两种体系的区分公房权属也不会产生这种利益积聚，但公房权属的价值增值在公房体系中只是一种在与市场体系比较中的可能性，换言之，只有当公房所有权与使用权又回到市场体系才可能释放和体现在公房体系中积累的利益增值。

再次，是否要实现这种公房权属的财产性，完全是一个政治决断。将

[1] 【德】罗尔夫可尼佩尔，《法律与历史——论德国民法典的形成与变迁》，法律出版社 2003 年版，第 184 页。

[2] "公房使用权"具有客观存在的交易价值.体现在三个方面：一是利用市场租金与公房租金间的差额进行收益；二是利用房改的优惠政策进行收益；三是利用拆迁补偿和安置的优惠政策进行收益。这些收益都是由公房使用权带来的。参见张震，《公有住房使用权及其交易问题探究》，《焦作大学学报》，2004 年第 4 期。

公房系统与市场系统区分开来，建立一个独立的体系，给予这一系统中的主体各种优惠和利益让渡，是从社会保障和居住人权等政策目标考虑的结果。同样的，是否将公房所有权与使用权再投入到市场体系中，将公房系统与市场体统再次混同，也需要有充分的政策目标支撑。当公共住户已经享有了两种体系区分基础上房屋居住利益后，是否再享有两种体系混同基础上的房屋财产利益，这是与立法技术原因无关的一种政治决断。

最后，为了使国家在土地、房建、金融财政、税收、规划、流转(买卖、租赁和置换)中各项让利保留在公共住房体系内让更多的公共住户受益，公共住房的流转应限制在独立的公共住房自流通体系内。当公共住房只在公房权利系统内流转时，房屋所有权或使用权从一个主体转移到另一个主体，这一过程受公共住房政策目标——价格控制和租金控制的影响，并不发生或者微量发生房屋价值增减问题，此时须借助准契约制度。

作为实现权利在不同主体间变动的技术工具，这与建立在平等自愿与合意自由基础上的契约关系不同，是受到国家公权力严格限制或弹压的契约工具。即在自由交互的契约领域引入直接、具体的公权限制力量，形成自由意志被限制的准契约行为。公共住房的交易流通、公共住户的选择自由、公共住房的分类、维护、管理都在国家公权力的限制和拘束之下，公权力的作用和影响正当而强大，公房系统内部的契约更统一化和格式化，由住房社团、住房单位或者住房的营运机构统一提供以固定合同格式条款形式实现，克服和避免零星、分散的个人住房交易行为导致的无序。在公共住房领域的普遍的“个人契约”关系向固定化、格式化、统一化、规模化的“准契约”关系转化。在许多西方发达国家，由政府或非营利组织持有、出租的“社会住宅”(social housing)占整个房地产比例较高，荷兰达到35%，法国为20%，英国为19%，德国为14%。[1] 在这些住宅的出租运营都借用格式化契约工具，以更好地克服和杜绝商品房租赁市场大量存在的无序问题：房屋出租条件的统一，房屋出租合同的登记备案，房屋租赁的税收缴纳，房屋租赁租期的长期化和确定化。

---

[1] 参见崔裴、张永岳、谢福泉，《关于发展、完善上海住房租赁市场的建议》，《科学发展》，2011年第11期。

二、公共住房组织型契约的适用

在我国城市社区现实生活中,住房管理大会只处于紧密的法人型社团组织与随意的人群聚合的过渡状态,这种准法团的非典型形态或者说事实状态破坏和妨碍建立在合作互益基础上的私权自治。住房社区范围内,一方面,各个公共住户在住房管理地位上的相同境况使他们具有了某些共同特质——都享有一定的住房空间专有权并在社区公用空间共享住房管理权[1],由此区别于人群的随意集合。另一方面,这些聚合人群的成员无法形成清晰明确的共同意识并通过组织化过程集中表达。第一,该团体无权利能力。权利能力是指充当财产载体的能力[2]。公共住房社区范围内住宅专有部分以外的公共部分的权属复杂,国家所有、私人所有、社团所有、公私共有,住房管理大会支配管理的财产往往不属于其所有,即住房管理大会只作为一个公共事务管理团体,作为权利载体——财产所有者的住房管理大会并不存在;第二,该团体无法人组织。法人以其自有的组织机制形成独立的意思表示,法人的意思是一种团体意思,和其成员的个人意思独立。任何一个社团,都需要具备一个法人性质的组织,以使社团行为独立于它的成员行为。但我国即使是私人住房社区的业主大会也不具备这种法人性质的组织[3],在公共住房社区成立的住房管理大会当然也不具有法人组织的性质。第三,该团体承担个人责任。当住房管理大会没有独立的财产和意思行为时,该团体的法律性质和法律责任只能从类似于合伙对待,即公共住户的房屋管理大会的行为后果只能由所有公共住户承担连带责任。

---

[1] 无论是公房所有者还是公房使用者,在法律允许范围内,享有一定的排他性的控制权利,对房屋享有占有、使用、部分收益和有限制处分的权利,对土地权益享有与房屋相应的占有、使用、收益、转租、优先权等。在公共住房享有一定范围的专有权基础上享有和行使对社区公共领域房屋管理的权利。

[2] 【德】迪特尔梅迪库斯,《德国民法总论》,法律出版社 2006 年,第 857 页。

[3] 《物权法》第七十五条的规定,反映出我国法律只是将业主大会作为全体业主行使私权的一种可选择方式来对待,并没有将业主大会作为一个法人组织实体来规定。法律没有强制要求固定的组织机构,没有严格规定组织设立章程和设立程序,甚至没有完善的注册登记制度,更多的只在诉讼主体和管理主体层面存在。

一方面组建住房管理大会集体决议社区住房的公共事务是维护和运营公共住房的实际需要，另一方面组建的住房管理大会是不具有权利能力的社团组织，其法律性质和法律责任类似于合伙。在此情况下，组织型契约——管理规约成为公共住房自治管理的基本工具，是公共住户自治的基础。公共住户只有通过订立以成立住房管理大会为目的，以确定公共住户之间住房公共管理的权利义务为内容的组织型契约，促成组织形态的住房管理大会形成，以集体决议和责任连带的方式实现对所在社区公共环境范围住房事项的自治安排。

公共住房管理是在公共环境共享的住宅范畴内，通过公共住户自主制定契约关系（管理规约）组建住房社团，采用团体管理集体决议的权利运行方式，对公共住房进行利用、维修、改造的管理行为。以荷兰公共住房（社会住房）经验来看，政府一直以来通过资产津贴与政府贷款等优惠政策积极鼓励住房协会承担更多社会住房的建设与管理的重任。早期的公立住房公司也在 1989 年住房市场化改革后，通过转型成为非营利性质的住房协会。到 2008 年，住房协会成为了荷兰社会住房的唯一供给主体[1]。依法组建住房社团是目前城市社区范畴内公共住户公共住房事项私权自治的主要路径[2]。通过这种住房社团的自治方式确立起业主自我管理的责任和自我管理的机制。

三、公共住房法定财产权的适用

（一）法定财产权的原因

在确定和保护公共住房权（住房所有权和住房使用权）时，基于集中交易和统一管理的准契约关系与组织型契约，仍然不能完全满足现代社会住房关系的新情况。

首先，在当今社会经济条件下，住房关系当事人双方，存在事实上的

---

[1] 胡金星、陈杰，《荷兰社会住房的发展经验及其启示》，《华东师范大学学报（哲学社会科学版）》，2011 年第 2 期。

[2] 与组建住房社团不同的私权自治方式，还包括全体业主不通过组织体而直接参与住房决策、提供住房劳动或者全权委托其他管理公司等。典型实际案例参见，http://www.zqfdc.net/info/detail.do?id=daf97017a3744349a672a7c30b2b3233，2012 年 4 月 27 日访问。

不平等以及由此伴生的意思表示的不自由。第一,供求关系的不平衡。契约标的物(住房)的供求关系长期处于不平衡(卖方市场或出租人市场),而使公共住户处于社会经济的劣势。第二,经济地位的不平衡。与住房市场中相对强势的房开商、房屋中介、房屋出租人相比,可能出现在经济、社会方面的不平等导致的住房合同契约不正当的结果。第三,信息获取的不平衡。关于住房的状态、品质、法律关系、住房服务等存在着显著的信息掌握不平衡,其结果是公共住户经常处于一种极为不利的地位。立法不得不由“作为被抽象掉了各种能力和财力等的抽象的个人”向“坦率地承认人在各方面的不平等以及结果所产生的某种人享有富者的自由而另一种人遭受穷人、弱者的不自由、根据社会的经济的地位以及职业的差异把握更加具体的人、对弱者加以保护”的转化❶。其次,住房管理大会,并没有形成权利能力意义上的法人组织体。“无权利能力的社团”意味着住房管理大会自治行为能力不足,无法通过自身的治理结构促进公共住户间普遍合作和利益共享。为促进和保障全体公共住户就房屋公共管理事项达成共同决定,我国现有的制度设计需要有弥补和解决住房管理大会权利能力缺陷的特殊安排。为此,加入法定制度安排的工具,通过建立较为完善的公共住房制度及公共住房保护条例,并将其纳入法律体系。在公共住房权保护上出现了从“从契约到准契约再到制度安排”的工具革新,“单个合同的结果成为范式合同并成为一个国家立法的草案”。❷这种以国家行为——立法强制规范公公共住房当事人的权利义务关系,以保障公共住户权益,并促其共同意识的形成并通过组织化过程集中表达。

(二)法定财产权的实现

对美国公共住房的租赁制度的历史考察,可以发现公共住房权保护的制度工具变迁的规律:第一,以确认公共住房中蕴含的个人财产权为基础。过去公共住房制度设计中的“社会福利”等都被视作是“政府馈赠”的利益,被看作是个人——公共住户财产权范畴之外的利益,不存在个人对

---

❶ 【日】星野英一,《私法中的人》,中国法制出版社 2004 年版,第 35 页和第 71 页。

❷ 【德】罗尔夫可尼佩尔,《法律与历史——论德国民法典的形成与变迁》,法律出版社 2003 年版,第 184 页。

其直接支配和影响的问题,但这种认识在公共住房实践中被逐渐修正。个体的自由和利益被法庭关注成为"新财产权"关于社会安全和福祉价值时考虑的问题。❶ 在1970年的"格德伯格诉凯利"案中,最高法院基于福利社会中"新财产"的概念,认为社会福利等原本被视作是"政府馈赠"的利益,同样是类似财产的个人权利,非经正当程序不得剥夺。同年,第二巡回法院就在"伊斯卡勒拉"案中将这一规则引入了公共住宅租赁。巡回法官们裁定:"尽管公共住宅被看作是一种特殊待遇,如果没有向租户提供充分的程序保障,政府不得剥夺公民个人继续租赁公共住宅的权利。"❷

第二,进入个人财产权范畴的公共住户权利,历经了由契约权利向法定权利转化的过程。在美国20世纪70年代之前,根据传统普通法中"买方注意"规则,除非双方有相反的约定,根据损毁法中财产占有人须对其行为导致的财产毁损承担责任的原则,房屋承租人要对房屋承担维护或维修责任,即使是自然原因造成的毁损,修复义务也由承租人承担。直到20世纪70年代,在"杰文思"案中,赖特法官利用"暗含条款"的合同解释理论将房屋可居住性担保原则以默示条款的形式镶入租赁合同中,并由出租人承担。当时法官仍然是将房屋租赁作为契约行为来解释的。后来该案所确立的可居住性担保原则得到了广泛遵从。随后的一些判决进一步扩展了担保的范围,即使没有建筑条例等立法的规定,只要住宅存在严重的缺陷,在有理智的人看来已不适合居住,就构成对适住性担保的违反。到此时,遵循尊重先例的传统,房屋租赁中的可居性担保原则成为一种确定的法定义务,即使没有租赁合同或者建筑立法的约定或者规定,出租人也要承担该担保义务。

第三,进入个人财产权范畴的公共住户权利,受到程序公正和实体公正的严格限制。即使是公共住房利益,也在逐渐纳入到类似财产的个人权利中,非经正当程序不得剥夺。在20世纪70年代初期美国立法和判

---

❶ 在美国,私人领域的核心始终是私人财产权的实现。个体的自由和利益成为法庭关注财产权发展新趋势——"新财产权"时关于社会安全和福祉价值时考虑的问题。参见 Richard Lazarus, Changing Conceptions of Property and Sovereignty in Natural Resources: Questioning the Public Trust Doctrine, Iowa Law Review, Vol. 71, Issue 3 (March 1986), PP. 631-716.

❷ Escalera v, New York City Housing Authority, 425 F2d 853(2d Cir. 1970).

例只是在程序上要求房东不经过诉讼程序不得驱逐租客，这使得租户可以免遭房东的自行驱逐。❶ 后来立法和判例进一步在实体权利上对房东驱逐租客设置了正当理由的严格限制，强调驱逐公共住户需“正当理由”并且“理由充分”❷，当法院对公共住户默示续租权进行倾斜性保护——严格限制各州公共住宅管理局对租户任意驱逐的权利，学者指出租户默示续约权已经成为租户享有的一种法定个人财产权利，❸并被纳入程序公正与实体公正的财产权保护范畴中。此外，加拿大的住房租赁法规体系对住房租户的承租权以及租金的确定等关键环节都有详细规定。法国的租赁法律对不同类型的住房出租规定了最低租期，并对租金调整的间隔和幅度也作了详细具体的规定。荷兰有95%的租赁住房受到租金管制，管制的内容包括最高租金和每年租金增长的最高幅度。

本章小结

公共住房的非竞争性和非排他性并不具有绝对的意义，市场机制作为一种资源配置的方式，在涉及公共住房开发建设、交易流动、使用管理等诸多环节可以引入。住房的使用是公共住房法制体系架构的核心，立法规范层面，公共住房系统与商品住房系统明确区分。房屋类型和房屋条件，是公共住房与商品住房在空间范畴的区分标准。住户类型和资格条件，是公共住房与商品住房在主体范畴的区分标准。公共住户对房屋专有空间享有不同程度的支配性权利，同时都对社区公共空间、公共设施、设备享有共同管理的权利。在独立的公共住房流通体系内，依据公共住房权利法定原则，实行个人、住房社团、政府租售和回购的差序格局。公共住房的权利行使与权利变动存在多个维度的界限和范围。私权自治在公共住房中的适用，采用了“契约、准契约、组织型契约、法定财产”等多种工具性制度。

---

❶ 包振宇，《美国住宅租赁法律制度研究——以承租人住宅权保障为例》，《美国研究》2010年第2期。

❷ 仅仅以租约到期驱逐公共住户的理由被看做是不充分的。Escalera v, New York City Housing Authority ,425 F2d 853(2d Cir. 1970) .

❸ 罗纳德波斯顿，《美国财产法的当前发展趋势》，《外国法译评》，1994年第3期。

第四章
公共住房的公权管理再造

第一节　公共住房的公权管理模式

“住房管理”是在房屋专有空间独立支配和公共环境共享的住区范畴内，对房屋进行利用、维修、改造的管理行为。在公共住房共用部分，对已有住房的利用、维修、改造、翻新、重建等往往关涉不特定多数公共住户的利益，产生影响公共住区共益的后果。同时，住房管理通常采团体管理和集体决策的意思决定主义。为了“住区公益”和避免团体管理中的机会主义，是公权规制住房自治管理的契机。

一、公共住房管理的权力基础

从19世纪末到20世纪中叶，公共利益理论都一直主导着政府对住房监管的主流思想。认为政府机关出于维护公共利益的目的对住区住房管理进行监管能够有效地纠正市场失灵维护住区不特定多数利益[1]，这是房管机关能够存在的正当性所在。当市场调控和居民自治不能解决问题，出现了公共资源管理危机时，政府干预可能就是必要的手段。还有一种解释来自“社会连带理论”。法国社会学法学的创始人狄骥认为人作为社会成员，都有发展自我促进社会共同进步的社会义务。“人没有自由的法权，他有操作与发展他的人品的社会义务而完成他的职司”[2]，如果怠于履行该义务，国家有干涉促使其发展的权力。“为客观法权之传话人的国家，就可以并且应该出而干涉及禁止他”[3]。此外，公共住房领域往往享受

[1] 主要表现为住房社区中业主、业主大会（业委会）、物业公司等在市场化的住房管理中的市场垄断、外溢性和信息不对称等行为。

[2] 【法】莱昂狄骥，《拿破仑法典以来私法的普通变迁》，中国政法大学出版社2002年版，第35页。

[3] 【法】莱昂狄骥，《拿破仑法典以来私法的普通变迁》，中国政法大学出版社2002年版，第36页。

国家土地、税收、金融等[1]诸方面优惠政策[2]，表现为社会公共福祉的倾斜性分配。为防止公共福利优惠政策中的机会主义的权利滥用，政府的外部监管成为理性选择。与传统的为公共利益的目的相比，社会连带理论和公共福祉机会主义为房管机关进入公共住区自治范畴进行必要强制干涉提供了更积极的理论支撑。

在实践中，国家将部分社会性住房管理职能与其他国家性管理职能剥离出来，放权于中间组织——由住房管理团体（业主大会）来行使。利用中间组织的灵活性和针对性弥补个体与房管机关在社会经济生活中差距，实现公共住区住房管理个人、国家、管理团体广泛的联合。这种管理职能的下放和外移，并不能简单地认为是“住房管理团体沦为政府执行政策的工具而完全丧失了自己的独立性”。政府公共职能的下放和外包不仅是20世纪80年代后各国行政管理的一种普遍的做法[3]，而且就政府管理职能按照其内容和性质更精细地区分国家性行政职能和社会性公共职能，由不同的组织行使，也满足了公共物品的政策制定与提供服务二元区分的现实需要。此时，业主大会虽然事实上是“私的”机构，但当其对特定领域——住房公共空间实施管制权力时却披上了某些间接国家权力的外衣。作为治理模式转变的结果，“公权力”与“私权利”之间的区分变得模糊[4]，住区住房管理的权源基础并不仅仅局限于私权之内的建筑区分所有，不完全是建筑物区分所有权，还有一部分是公共管理职权，国家关于住房的公共管理职能的分化和下放也构成了住区住房管理的权源之一。

公共住房社区内无论住房的所有权是公有还是私有甚至是混合所

---

[1] 包括长期低息贷款、政府抵押贷款保证、合理价格的土地、所得税、财产税、土地转移税、交易税等优惠、政府租金补贴等。

[2] 从挪威住房合作社发展的三个阶段看，国家对住房合作社的监管和限制也是动态发展的，除国家政策需要和市场因素外，国家对住房合作社的优惠政策与国家对合作社的干预和控制成正向变化。参见陆介雄等，《住宅合作社立法研究》，法律出版社2006年版，第77页以下。

[3] 既可以推行国家政策目标，又可以减少政府工作量和财政支出。参见【澳】马克阿伦森，《一个公法学人对私有化和外包的回应》，《（新西）迈克尔塔格特编.行政法的范围》，中国人民出版社2006年版，第52页。

[4] 【英】保罗克雷格，《公法对私权力的控制》，《（新西）迈克尔·塔格特编.行政法的范围》，中国人民出版社2006年版，第196页。

有，对公共领域的住房管理都需有国家必要的行政强制力监督运行。房管机关把部分住房管理职能下放或外移给住房住区中间组织的分权化治理格局也伴生了新的问题：一方面，如果监督不足，住房管理团体有可能逃避原本适用于行政机关的程序控制以及预算制约，进而侵犯成员的合法权益。另一方面对房管机关而言，如果缺乏对行政机关的有效监督，其可以利用这种制度空隙来逃避或者滥用自己的责任与义务，集中体现在住房公共管理及服务中的监管缺位❶和监管越位❷。这两个方面是同一问题在不同主体上的体现：政府机关将部分公共管理职能（社会性）分权下放的同时，也将其承担的行政义务和责任下放或外包给中间团体。一方面政府机关由自己履行公管职能并承担行政责任转化为监督管理团体履行并督促其遵守公共责任❸；另一方面管理团体在接受和履行了公共管理职能之后，也需承担相应的行政义务，以防止这种分权后的公共管理脱离程序正当的轨道而走向它所确立的社会调整目标的反面❹。

因此，分权化的治理格局下的政府管制正当性转化为对社团公共责任的监管❺。当公共住房管理公共职能由住房管理团体行使后，集聚于对住房管理团体公共责任的监管，在公共住房社区，具体集中于由公共住户、国有住房所有者、住房社团等组成的住房管理团体。即房屋产权的多样性以及分权化的治理格局的形成，并不意味着公共社区住房自治可以

---

❶ “监管缺位”指住房管理机关坚持私房使用管理应该在私法制度范围内由民事主体（私人业主、房屋使用者）自己处理，政府公共权力的介入是对民事权利的不当影响和过度干涉，在监管行为上体现为放弃或者弱化私房公共管理主导权。

❷ “监管越位”指住房管理机关继续遵循我国原先的行政命令式监管方式，仍然认为房屋管治的权威在于行政授权，与私人无涉、与私权无关，坚持政府机关是唯一掌握私房公共管理权的机构，忽略和弱化房屋业主、使用者在私房使用管理中的自觉和自治。

❸ 在美国，政府公权与私权之间的冲突主要依靠宪法三大条款：征收条款（the taking clase），程序条款（the due process clause），合同条款（the contract clause），以及在这些条款基础上普通司法判例组成的法系统来调整。参见 Alexander, The Concept of Property in Private and Constitutional Law: The Ideology of the Scientific Turn in Legal Analysis, 82 COLUM. L. REV. 1545, 1555-60 (1982). 目前我国还没有形成完整的公权私权界限区分的法制体系，存在政府管理机关推脱和放弃责任的可能。

❹ 高秦伟，《私人主体的行政法义务》，《中国法学》，2011 年第 1 期。

❺ 孔繁斌，《从限制结社自由到监管公共责任——中国政府社团管制正当性及其制度改革》，《中国行政管理》，2005 年第 2 期。

完全脱离管制❶。真正改变的只是行政强制对公共住房管理团体自治影响的途径和方式,以及由此引致的公共住房行政管理机关职能定位的调整。住房主管机关的监管职能转化为督促和引导公共住房管理团体自治管理行为的正确行使,把法团自治意志规制在住区住房管理可接受的法定秩序范围内。

二、公共住房管理中行政职能的定位

1. 在监管的方式上突出程序干预

房屋管理机关对公共住房管理团体的干预是在尊重私权和自治的基础上进行的必要干预,坚持和尊重公法的制度性工具——正当程序和公众参与的社会调整功能,强调过程控制和透明度,避免管理过渡。

政府房管机关管理职能非常重要的关键,在于对住房公共管理秩序形成和自治意思行使的程序强制干预,而不是直接介入住房自治管理内容的实体调整。①对各类住房社团组织实行强制性形式审查,包括设立登记和资格条件审查;②将听取独立于政府的专家意见作为对住房社团组织监管的必经程序,而这些专家主要是来自于依法产生的具有独立地位的第三方组织;③强化各类住房社团组织在实际运营中对其财务状况、日常活动、业务记录等运营情况和重大事项的信息公开化的程序要求。前面两种方式被认为是"硬"的管理方式,而要求公布资源信息被认为是"软"的管理方式。理论认为这种方式强制被管理方或者管理机构收集信息,公布信息,至少考虑信息,将会引导或改变信息公布者的行为。❷ 这种方式的本质是以信息公开的要求将住房自治管理者与住房实际使用者直接面对,使用者以脚投票的方式来引导住房管理团体的住房利用行为。通过强化信息公开和程序监督将行政强制严格控制在必要范围内,避免管理过渡问题。

---

❶ Jody Freeman. privatization: private parties, public functions and the new administrative law[J]. American Bar Association Administrative Law Review, 2000(6), PP. 25-46.

❷ James Rasband, James Salzman, Maek Squillace, "Natural Resources Law And Policy", Foundation Press, 2004。P72.

2. 在监管的内容上强调规范干预

房管机关对公共住房管理团体的干预始终是在尊重私权和自治的基础上进行的必要干预，通过各种规范化形式，对主管机关在私房公共管理中的权责进行清晰地界定和说明，强调国家干预的规范性路径，避免管理的随意性。

1）立法：政策目标的规范化

在民事立法中增加强制性规范，将公共住区住房管理的行政义务以强制性规范的方式赋予管理团体；在行政立法中增加产权变革后房管机关的职能转化和责任建构。利用政策目标的立法规范化分别明确管理团体和政府的住房管理公法义务。

2）合同：考核标准的条款化

在房管机关管理职能的外包合同中增加格式化条款，将行政义务的内容以格式化条款的方式赋予公共住房管理团体，管理团体利用合同和委托获得住房管理职能时也同时接受了负载的行政义务，利用考核标准（服务内容和工作标准）的条款化将公法义务镶入，防止住房自治的权利滥用。

3）司法：司法审查的制度化

法庭通过要求在住房行政决定之前更完全的程序规范以及增加住房管理机关对公众的责任来确保住房管理权。法官通过强制房管机关提供完整的行政决定记录来明确地解释他们住房决定最重要的实质基础。法官通过严格执行房管机关决定时用来增进或提高公共住户参与度的要求。同时法庭充分考虑可能影响住房行政决定的各方利益。包括政府的限制行为是否适用于所有相同情况的公共住户，是否考虑了各方住户利益以及各方利益的平衡，是否在各方住户之间保证互惠利益等。

三种方式的本质都是在制定政策与提供服务二元区分的基础上，一方面用管理团体的公法义务来限制和修正住房自治的适用空间和适用方式，一方面用政府的公法义务对房屋管理机关的职能重新定位，以清晰划分行政机关监督职能与公共住房管理团体住房自治的界限和范围。引入司法审查是建立在公私双方对抗式的平等争辩程序上，对私人利益与社会公共利益之间进行权衡考量。

三、行政监管在公共住房管理中的实现

当主管机关的监管职能逐渐转化为督促和引导公共住房自治的正确行使时，行政监管的功能和作用体现为构建一个日常的动态的监管系统以确保在分散的具体的住房自治与集中抽象的立法规定之间的畅通与联动，各种监管环节和监管制度是作为达到这一目标的公权手段[1]。

1. 公共住房管理的监管方式——程序干预

1）行政审批

行政审批是政府公权强制调整住房管理最直接最有力的手段，也是行政机关最大享有行政裁量权的管理环节。为防止房管机关利用审批权力不当干涉公共社区的私权自治，通过立法规定对行政审批的决策和执行进行限制和规制是绝对必要的。首先立法明确规定审批的事项，对于房屋使用、维修、改造中涉及土地变更、规划变更、房屋结构性变更的重大事项要求强制报批；其次立法明确规定审批的程序，尤其是审批的流程、决策时效；最后立法明确规定审批的法律后果，包括决策理由说明、审批结果公示等。

2）准入制度

准入标准是政府公权强制调整住房管理的间接手段，准入门槛的高低将对进入住房管理领域的各类主体及其行为活动产生决定性的影响，是行政监管工作的源头和起点，对公共住房的建筑公司、物业公司、管理团体等设立条件增高还是调低对整个公共住房管理秩序的影响甚巨。目前就物业公司的设立条件来说法律没有针对公共住房的特点对物业服务在资金、人员、资质、规章上进行针对性的实体要求和程序设计，致使进入物业服务领域的主体素质参差不齐，不但是造成日后住区物业纠纷增多的重要原因，也增加了行政监管的难度和成本。退出是与准入合并使用的整体系统。我国欠缺与住房管理相关的主体退出机制，比如已经不具备条件的物业服务公司或者管理团体如何合理而及时地退出住房管理领域，行政机关对此应有何作为都需进一步完善，同时我国对于公共住房住

---

[1] 【日】美浓部达吉，《公法与私法》，黄冯明译，中国政法大学出版社 2002 年版，第 134 页。

区的管理团体的人员构成和运行机制的特殊性也缺乏对应制度和明确规定。

3）登记备案

标示权属设立和权属变动的确权性登记（公示制度）与作为行政管理手段和管理环节的行政性登记（备案制度）应被明确地区别开来，并在立法中作为两个系统处置和安排。对于公共住房而言，这两种登记内容因为房屋权属的多样性和房屋管理的统一性，更具现实意义。前者由物权法等私法调整和统筹，房屋因为产权公有属性或者公私混合的复杂性而需特别处理，后者由房地产管理法等公法调整和规制，无论房屋的权属是何性质和状态，房屋管理都纳入统一的房管机关和房管程序。对于既有确权登记效力又兼具行政监管必要的登记事项❶，可以通过数据化电子化来实现两类系统的连通与共享，并能因此大大降低监管成本提高监管效率。

在住房管理中，管理团体、管理团体的常务委员会、物业公司的选任、管理规约（包括临时管理规约）、维修基金管理办法、建筑物维修改造管理档案等都需在房产主管部门登记备案，作为房屋日常性事务性的监管环节和手段。但这一制度不应成为私权通过诉讼途径获得司法救济的行政障碍。仅仅因为行政登记备案制度不完善不健全导致的登记欠缺，并不能产生实体权利不存在的后果，法院不应以没有履行行政登记备案为由拒绝对住房管理自治侵害的司法审查责任，行政登记补正程序与实体民事权利享有的区分是两类不同性质登记在司法意义上的体现。

4）信息披露

信息披露对公共住房行政监管的意义在于：一是纠正住户与物业之间的信息不对称。住户与物业之间的服务合同关系依赖于契约方式的自由选择，而信息传递的充分和及时是这种契约自由选择的保证。在公共住房住区，公共住户与物业公司两者社会地位的悬殊加大了住户获取可用信息的成本和障碍，通过赋予和加大物业公司法定信息披露义务努力

❶ 例如公共住房管理团体的成立，如果法律承认该团体的组织实体法律地位，管理团体的登记注册不仅具有民事实体成立和民事权利确认的公示效力，也是作为行政监管环节登记备案。

校正两者的差距;❶二是增加行政监管的透明度。公权管理在信息披露上的投入不仅更具权威性,也是行政机关日常监督检查的制度建设内容,同时也为住户提供了一条对行政机关监察的渠道;三是物业服务的现实需要。近年来新建公共住区的特点是小区规模越来越大,建设周期越来越长,房屋产权的类型越来越丰富,开发的方式更加复杂,房开商的法律类型越来越多样化,这些都迫切需要建立一个集中的权威的信息收集,整理、发布的平台。

信息披露方式主要有建立房屋网上信息系统和管理档案制度。增加和完善房屋安全管理档案、房屋维修基金管理档案、房屋维修改建扩建翻新管理档案、物业企业登记管理档案、管理团体、管理团体常务委员会登记管理档案等。

2. 公共住区住房管理的监管内容——行为规制

公共住房管理的行为规制主要有两种:一种是在立法规范性文件中,将房屋使用、维修、改造活动划分为授权(许可)行为、限制行为(附条件许可)和禁止行为(绝对禁止),并确立相应的责任保障机制。通过这种立法明确的行为划分和责任设计来引导和规范房屋使用者的活动。在公共住区住房管理领域,需立法明确规定的住房管理职能主要包括(但不仅仅包括)下列内容:第一,房屋使用强制的管理职能:房屋质量保证机制和房屋强制安全鉴定制度;第二,房屋用途变更的管理职能:变更的内容与变更的程序;第三,房屋强制维修的管理职能:强制维修的法定义务和协助义务;第四,房屋强制改造的管理职能:房屋改造的禁止性行为。在这种方式中行政机关的管理主要集中在事前对住户自治行为监督检查的督导,以及事后对违法行为行政责任的追究。

---

❶ 在法国有专门的公共住房信息中心,由法国住房部、地方省政府、法国家庭补贴署和从事住房贷款业务的金融机构及房地产开发商、建筑商、公证人联合会、消费者协会等部门出资成立的一个中立性的协会组织。中心设有60个地区服务署,其主要任务是向居民宣传国家住房政策和提供有关住房购买、租赁及贷款等方面的信息咨询。任何法国居民均可就近到国家住房信息中心服务署免费咨询有关住房方面的问题。该中心还可以利用专门软件系统根据客户个人收入、家庭等情况,为客户制订最佳购房和租房方案,包括贷款筹资计划和适用于购房者享受的住房优惠政策等。参见朱华,《德法政策性住房金融体制考察见闻(下)》,《上海建设科技》,2004年第5期。

另一种是在住房管理事务外包合同中，将房屋使用、维修、改造活动的服务内容和工作标准具体细化为格式条款和合同义务，并规定相应的违约责任机制。通过这种合同形式的行政义务划分和违约责任设计来引导和规范房屋住户的活动。在这种方式中行政机关的管理主要集中于在事前清楚地了解服务内容和工作标准，设计外包合同内容时十分精确并且具有远见，以及事后能够在有政策意义的新情况出现时灵活处理。

第二节　我国公共住房管理的完善

一、立法体系构想

“公共住房管理”法律关系[1]，主体兼顾政府行政机关与公共住房所有者、使用者；内容覆盖公共住户民事私权与房屋行政管理公权；客体既辐射私有领域的个体利益，又反映公共生活中的共同利益。公私属性的紧密结合造就了公共住房管理领域公法、私法共同调整的规制格局。

理论上作为一个整体系统阐释的公共住房管理在立法体系的设计上，则需分解到一系列公私部门法中，通过它们的共同作用来实现住房管理立法秩序的完成。承认公共住房管理需要立法完善的基础上，对住房管理的法律调整进行三分法，即立法对公共住房管理规则应包括三个部分：一是确认公共住户民事权利的法律规则；二是赋予房屋主管机关公共管理职权的法律规则；三是协调公共住户民事权利与房管机关管理公权的法律规则。具体而言，《物权法》作为基本的民事部门法主要的立法目的和规则内容是确认和保障公共住房所有者或者使用者在住房使用、维修、改建、扩建中的权利与义务，为公共住户的权利享有和权利行使提供明确的法定行为模式；《房地产管理法》作为基本的房屋管理法，其立法目的和规则内容应该是赋予政府主管机关在公共住房使用、维修、改建、扩

[1] “公共住房管理”与通常所称的“物业管理”或者“房屋管理”不同，主要区别在于：①管理内容上不仅仅限制在以平等为主要特征的物业服务关系；②管理性质上私人自治的内容和机制被引入，与纯粹的行政房屋管理相区别；③管理方式上不是单向的政府监管，也并非完全意义上的私权调整，而是必要国家强制下的私人自治安排，公私共治是其核心内涵。

建中的职权，并确保政府主管机关能够正确地行使公共管理职责，为行政机关的职权享有与职责行使勾画清晰明确的法律界限。《物业管理条例》以及相关的各种行政规章、地方性规章、司法解释等则需在公共住户民事私权与主管机关管理公权之间进行更加精细地设计与安排，以连通协调两种权利（力）享有和行使。

从目前的立法现实看，《物权法》作为最新立法成果，基本满足了住房管理对一般房屋所有者或者使用者民事确权的需要，进一步的完善体现在需要针对公共住房以及公共住户的特点，增加确认和保护公共住房管理的组织实体（管理团体）法律地位、人员构成以及运行机制的特定规范内容。由《物权法》这一民事基本部门法确认公共住区管理团体的组织实体地位，特殊人员构成以及设立条件和设立程序的法律效力；而《房地产管理法》对于住房改革导致的政府机关职能定位调整和职责立法规制的需要反应滞后，是本次《房地产管理法》修订需重点关注的内容，集中体现为需新增加“房屋使用管理”一章内容，并在其中专设公共住区房屋使用管理的特殊规定。《物业管理条例》以及相关的各种行政规章、地方性规章、司法解释等则需引入和增加协调两种权利（力）的具体制度规则，尤其是在“管理规约”（包括临时管理规约）制度的发展完善上反映和强调公共住房社区的特殊性。

二、基础术语界定

1. “公共住房管理”

是指对公共住户所有或者使用的房屋进行利用、维修、改造的管理行为。在公共住房管理法律关系中，主体一方是房屋所有者或房屋合法使用者（不以房屋产权为限，包括公有、私有、混合所有），另一方是政府房屋主管机关；客体是公共住户所有或者使用的公共住房，包括保障型、改善型、完善型、舒适型四种类型，限价房、两限房、经济适用房、房改房、公共租赁房、廉租房、解困房、安居房等多种公共住房，不适用于行政办公以及国防军队等特殊属性公用房屋；内容是在住房使用、维修、改建、扩建中公共住户和行政机关享有的权利和承担的义务，其中公共住户主要体现为私法上的民事权利和民事义务，行政机关主要体现为房屋管理职权和职责。

2. “管理规约”

是公共住房管理大会[1]必备的规定公共住房管理组织和活动基本规则的书面文件，是经注册登记的全体住房相关方共同一致的意思表示。管理规约的实体意义在于它界定公共住房相关方之间的权利和责任，是公共住房相关方共同意思表示的书面文件；程序意义在于它是住房管理大会的组织活动章程，需在房屋主管机关注册登记，是住房管理大会必备的书面文件。

3. “公用部分”

是指不属于公共住户专门所有，也不属于市政公用或者其他权利人所有的公共住区内的建筑物、场所、设施设备以及资金等。具体包括：

(1) “共同结构部分”(结构上不可分割的共有部分)：外墙、承重墙、地基、柱、梁等承重结构部分；屋顶、烟囱、围栏、分界墙、地窖、车库、避难层、设备层等公共结构部分。

(2) “共同使用部分”(功能上不可分割的共有部分)：通道、走廊、楼梯、平台、电梯等公用通行部分；公共通风、采光、照明、空调供暖、电子通讯、给排水、消防等管道管线设施设备；管理人员使用单位以及公共洗手间、厕所、洗衣房、浴室、厨房等设施设备场所；草地、花园、游乐场、运动场、会所、健身房等任何运动或者康乐活动设施、场所(建筑物外)。

(3) “公共资金”(共有部分财产和孳息的资金表现形式)：包括物业管理费、公共维修资金、保险费等。

三、立法修改方案

(一) 法定内容的增加

(1) 立法应根据国家强制进入住房管理的途径，进一步明确公共住房管理大会(包括管理大会常务会)的组织实体法律地位，赋予公共住房管理大会的登记注册具有民事实体成立和民事权利确认的公示效力，而不

[1] 鉴于公共住房社区内住房相关方类型多样，包括房屋所有人，房屋使用人，公共住房产权单位，公共住房管理单位等，不适合直接采“业主大会”的名称和提法。

是仅仅作为行政监管的登记环节存在。进一步细化公共住房管理大会的运行机制，尤其是政府对公共住户自治组织建立以及权利行使中的协助义务和管理职责。建议《物权法》第七十五条修改为：

"业主应当依法设立业主大会（业主会），选举业主委员会（业主委员）。

设立业主大会（业主会），应当依法向房屋管理机关申请设立登记。

设立业主大会（业主会）必须依法制定管理规约。管理规约对业主大会、业主、房屋使用人、房屋管理人具有约束力。

房屋管理机关应当对设立业主大会、选择业主委员会（业主委员）、制定管理规约以及其他必要的房屋使用管理事项给予指导和协助，但法律法规另有规定的除外。

公共住房社区管理大会（管理大会常务会）的权利义务参照上述规定适用"

(2) 立法应根据国家强制进入住房管理的方式，明确规定强制性条款的具体内容，清晰划分公权监管的界限。为此建议在《房地产管理法》修订中增加新的一章"房屋使用管理"，其具体内容包括：

① 政府对房屋使用管理的法定职责；[1]

② 政府对房屋使用管理中重要事项的酌情决定权；[2]

③ 房屋使用强制条款：房屋质量保证机制[3]、房屋强制安全鉴定制度[4]；

④ 房屋用途变更强制条款：变更的内容与变更的程序；

---

[1] 依法赋予房管机关行政审批、准入条件、登记备案、行为规制、信息披露、监督检查等管理职权。

[2] 包括设立业主大会（包括选举业主委员会）的协助义务和管理职责；督促制定管理规约（包括临时管理规约）的酌情决定权；其他房屋使用管理中公用部分或者公共利益维护的重大事项。

[3] 建筑商和开发商共同承担建筑物瑕疵保修责任，在责任期限上根据瑕疵发生的部分和瑕疵发生的程度区分，在程序保障上规定保修保证金或者保险金的缴纳和退还制度。

[4] 包括达到或者超过房屋设计使用年限或房屋主体结构出现不安全现象；房屋加层、扩建、加大货载或者改变结构，以及为危险房屋翻建、成片危房改造；因自然灾害或突发事件可能造成房屋损坏、其他可能对公共安全造成隐患的房屋。

⑤ 房屋维修强制条款：强制维修的法定义务和协助义务❶；

⑥ 房屋改造强制条款：房屋改造的禁止性行为❷；

⑦ 物业服务企业资质法定条件；

⑧ 物业服务从业人员法定条件；

⑨ 物业承接验收监督。

公共住房房屋使用管理事项适用上述规定。

（二）契约机制的发展

（1）契约机制改进目的是促进私人意志的适当集中——法团意思的形成或者是全体业主共同意思的形成，这都需借助于管理规约制度的完善，在私人契约机制中适当引入法律强制的内容，构建"管理人或业主代表申请-主管当局酌情决定-业主反对否决"共同意思表示形成机制。建议在《房地产管理法》"房屋使用管理"一章中增加：

"在物业管理人或者达到十分之一人数的房屋所有者或者房屋使用者依法申请下，房屋主管机关有权以公告、命令等法定形式，敦促或者排除房屋所有者或者房屋使用者就房屋使用管理中公用部分或者公共利益相关事项的适用，并酌情决定敦促或排除该事项适用的适合期限和适合条件，但有物业管理区域内专有部分占建筑物总面积过半数的房屋所有者或者房屋使用者且占总人数过半数的房屋所有者或者房屋使用者反对的除外。

对房屋使用管理具有利害关系的人因前款内容其合法权益受到侵害的，可以请求人民法院予以撤销。

公共住房房屋使用管理事项适用上述规定。"

（2）为避免或者化解基于自治的管理规约与基于立法的法定强制性规定之间冲突或者矛盾，建议在《物业管理条例》中增加适用条款：

"管理规约（包括临时管理规约）以及业主大会（包括公共住房管理大

---

❶ 房屋所有者、合法使用者对于房屋的共有部分和公用部分负有维持修葺妥善及状况良好的法定义务，由于该部分的维修、改造、更新、扩建时，负有协助完成的法定义务。

❷ 房屋加层、扩建、翻新、改造中禁止下列行为：造成房屋超荷载使用的；擅自拆除、改变、增添房屋主体或承重结构的；其他危及房屋公用部分的使用、功能、结构的。

会)的其他共同决定都应包含或者遵守《房地产管理法》中有关"房屋使用管理"的强制性规定。

前款所述的强制性规定以明示或者默示纳入管理规约(包括临时管理规约)或者业主大会(包括公共住房管理大会)其他共同决定时,不得修改或者变动,管理规约的条文或者业主大会(包括公共住房管理大会)其他共同决定的内容与其不一致时,该条文或内容无效。

公共住房房屋使用管理事项适用上述规定。"

(3) 校正临时规约制定中的权利分配失衡,健全临时管理规约的行政登记监管,促进临时管理规约向管理规约的转化。建议在《物业管理条例》的第三章"前期物业管理"中增加:

"建设单位制定的临时管理规约应包含和遵守《房地产管理法》中'房屋使用管理'的强制性规定。

建设单位制定临时管理规约之日起 30 日内,向物业所在地的区、县人民政府房地产行政主管部门和街道办事处、乡镇人民政府备案。

临时管理规约因管理规约的制定而终止,全体业主无法就管理规约的制定达成共同决定的,可以依据《房地产管理法》的规定提请房屋主管机关酌情决定督促行使。

公共住房房屋使用管理事项适用上述规定。"

(三) 行政监管的完善

(1) 按照行政监管环节的职能配置,赋予房地产主管机关经常性、常规性的对房地产管理活动的监督检查的权力,增加房屋主管机关的行政执行力。建议在《房地产管理法》"房屋使用管理"一章中增加:

"房屋主管机关依法享有下列监督检查权力

① 定期或不定期的普查和抽查

② 业务指导和业务监督

③ 进入及视察建筑物的任何公用部分

④ 出席业主大会(包括公共住房管理大会)的会议

⑤ 要求提供房屋公用资金、公用部分、公用财产相关的账簿、账项记录、资料、文件

⑥ 依法酌情决定敦促或者排除房屋使用管理的其他事情

公共住房房屋使用管理事项适用上述规定。”

（2）针对我国房屋使用管理的法律责任体系存在问题[1]，按照监管环节的职权配置构建对应的法律责任保障体系，加强房屋主管机关的监管职责。建议《房地产管理法》在法律责任一章中第七十一条修改为：

“房屋主管机关及其工作人员由于下列原因怠于行使或者滥用监管职权的，应该给予行政处罚，对情节严重的应依法追究刑事责任。

① 不依法履行监管职权

② 利用监管职权敲诈勒索

③ 利用监管职权索取或者收受他人财物或者其他好处

④ 在房屋使用监管中玩忽职守、严重不负责任

因上诉行为造成相对人财产损失的，行政机关应承担赔偿责任，并可对相关责任人员依法追偿。

公共住房房屋使用管理事项适用上述规定。”

（四）司法审查的引入

由于房管机关管理权的特性和深度在逐渐扩大，通过立法授权房管机关决定的住房管理目标事项扩张，超越了传统上的“纯行政事项”的领域，在公共住房社会生活方面实质影响公共住户的个人行为。依靠法院个案基础上的审查，确保房管机关的行政行为与公共住房价值目标相符，保证公共住户的住房权益不受侵扰或者剥夺。公共住房司法审查可以采用两种方法，一种是书面审查与公共住房有关的房管机关的立法性授权，以及房管机关是否将公共管理职权不当转移给私人或者组织，禁止各种影响公共住房使用的越权性政府措施，包括行政越位和行政缺位。一种是审查公共住房管理行为的目的是否与该类型的公共住房特性相符合，不能对公共住户权利造成损害。主要可采用三种判断标准：一种是对公共住户权利的损害应是“最小的”或者“必要的”，一种是对公共住户权利

[1] 《物权法》重点是民事确权，几乎没有涉及法律责任；《房地产管理法》的法律责任偏重于房屋所有者、使用者一方的违法行为追究，对行政机关没有按照监管环节的职权配置构建对应的法律责任保障体系；《物业管理条例》提及对行政机关的法律责任，但只有行政和刑事责任，对民事责任没有规定。

造成的损害被限制在小比例范围内，一种是坚持不能对公共住房的使用造成妨碍或者损害。一般的审核标准需要看立法机构授予的行政管理权是不是清晰、明确和特定，还要求房管机关证明住房管理行为可能损害的公共住房使用的内容、大小和比例，同时法庭要求立法授权的住房管理权须由能够代表房管机关意思的特定机构行使。

第三节　公共住房的立法评析

对公共住房含义的理解不同，公共住房资源配置中政府选择偏好存在差异，公权对住房管理干预的程度和范围不同，导致国家立法对公共住房管理理念类型区分。

一、公共住房立法的理念

第一类国家，该类国家公共住房指“国家资助建造，租金较低，专门租给低收入者的住宅”[1]或者“在政府资助下，由公共部门、社会自治团体、私人以及非营利性住宅公司经营管理的，提供给低收入居民家庭的低租金、低价格的住宅，其中也包括在税收上得到国家优惠的大中型企业自筹资金建造的职工住宅”。[2] 在该类国家中住房被认为是公民的一种社会权利，当个人没有能力独自获得和享有该社会权利时，政府有义务通过财政补贴等多种形式解决公民的住房问题。该类国家主要包括法国、德国、奥地利、挪威和丹麦。

第二类国家，公共住房是“为了解决中低收入家庭负担不起租用和购买住房费用的问题，通过行政手段干预住房市场而供给的廉价住房”[3]。在该类国家住房被认为是一种消费商品，主要依靠市场解决。只是在市场不能解决公民的住房问题时政府才给以协助，“人们认为提供住房对那些没有能力在住房市场上竞争的群体是一项基本的社会服务，或是作为

---

[1] 彭地，《德国、法国及香港地区住房保障的启示》，《重庆国土资源》，2004 年第 2 期。

[2] 赵明，弗兰克·舍雷尔，《法国社会住宅政策的演变及其启示》，《国际城市规划》，2008 年第 2 期。

[3] 郑志东，《英国可支付住房与规划政策关系研究》，《 国际视点》，2007 年第 2 期。

对于依赖国家政治前景的更为广泛的群体的一项服务”。[1] 仅仅作为一种市场手段的有益的必要的补充，即使针对低收入者的住房问题，政府也尽量利用市场机制调节或者干预，对于市场外的直接财产补贴等干预方式保持一种谨慎的态度。该类国家主要包括美国、加拿大、澳洲和新西兰。

虽然两种住房管理理念不同，但在两种体系中公共住房资源配置都受政府选择偏好的影响，存在公权对住房管理干预的问题。[2] 事实上，政府管理权扩张是20世纪出现的考虑政府功能准确定位的最重要变化趋势之一[3]。住房领域也不例外，这些变化集中于从实现政府组织行为转变为注入更多公共管理和监督，提供更多持续性地、有明确定义方式的、可执行的公共政策。[4] 政府在介入住房管理行为时，都是从三个纯化假设条件出发：①理性政府假设，假设政府充分了解辖区内居民的住房选择偏好以及住房分布，包括住房的类别和住房的数量；②社会福利函数的可获得性，假设政府在了解居民住房偏好的基础上，可以通过最大化总的社会福利函数来实现整个社会的住房最优化；③善意政府假设，政府作为忠于人民的客观公正的权利代表行使住房资源配置，不被利益集团捕获也不存

---

[1] 【英】A. 布洛克、O. 斯塔列布拉斯，《枫丹娜现代思潮辞典》，中国社会科学院文献情报中心译，社会科学文献出版社1988年版，第475-476页。

[2] 各国都有公共住房管理机构，实行专设机构，集中管理。1964年英国议会通过设立直辖于环境部的住房公司，负责中央政府住房投资分配；在地方设立了460个住房建设、管理专门机构，这些机构在英国公共住房建设与管理中起着举足轻重的作用。美国负责公共住房管理最早的机构是联邦政府的房屋行政署，其主要任务是对营造、购买住房给予长期贷款以及利用抵押、固定利率等方式使中低收入者获得住宅。现在美国的房屋管理机构分为两个系统：一是从中央到地方的中央直属机构，即美国住房与城市发展部以及全国10个地区的办公室。每个办公室分管5个部，它们负责执行联邦政府的住房政策、计划，掌管、使用中央用于住房方面的资金，特别是帮助中低收入家庭解决住房问题。二是地方政府房屋机构。美国州政府在住宅建设方面有很大的自主权，有进行地区规划、建筑水平与规格的决定权，地方的房屋管理机构可以向中央的住房与城市发展部申请资金。参见高苛、刘长滨，《住房保障政策选择的动态分析模型》，《中国管理科学》，2007年第10期。

[3] Richard Lazarus, Changing Conceptions of Property and Sovereignty in Natural Resources: Questioning the Public Trust Doctrine, Iowa Law Review, Vol. 71, Issue 3 (March 1986), pp. 631-716.

[4] Cf. Stewart & Sunstein, Public Programs And Private Rights, 95 Harv. L. Rev. 1193, 1204 (1982); J. Hurst, Law And Social Order In The United States 36-41(1977)。

在部门利益和政府腐败等。[1] 法律作为政府正当行为的控制器和调整仪，对公共住房公权管理法制再造的重点是保证政府在配置公共住房资源过程中社会福利目标实现的路径选择、行为约束和程序规制。

二、公共住房立法的模式

根据在公共住房管理中起主导作用的管理主体的性质不同，管理方式的差异，可以将公共住房管理划分为政府主控和居民自治两大模式。

（一）政府主导

第一种类型，这些国家在相当长的一段时间内，对公共住房的配置实行政府全面规划管理的包揽模式。其特点是坚持普遍受惠原则，针对全体居民。公权干预涉及公共住房的方方面面，包括政府为住房建设筹集资金，提供贷款，并通过优惠利率和补贴使房屋成本保持在合理的水平上，同时通过提供长期住房贷款、建立抵押贷款机构等方式支持居民买房、建房。此外，政府还利用利息贴补、住房津贴和税收补贴等住房补贴政策，贴补多数低收入家庭住房支出。以法国为例，法国人口 6 000 多万，55％的家庭拥有自己的住房；45％的家庭租住住房，其中 37.8％的家庭租住公益性住房。在法国公益性住房主要由政府所有的公益性住房开发机构开发建造。据统计，目前政府所有的公益性住房开发机构约有 650 家，而由政府和私人混合投资的公益住房开发机构有 350 家，二者建造的公益性住房分别有 340 万套和 5 万套，而每年法国全国公益住房的建设规模在 6 万套左右。在新加坡采取了以房屋发展局为中心、吸引居民和社会共同参与的集权式管理模式。新加坡政府将住房作为主要的社会福利政策之一，由政府投资建房、并低价出售给居民的福利政策。新加坡政府在政策上限制租房，鼓励买房和建房，每年政府都要拿出大笔资金弥补由于房屋租金低廉和出售价格低于成本造成的差额。在经济上帮助中低收入家庭购房，诸如以补贴价格买房、发放长期贷款、通过公积金制度实行强制性储蓄等。

---

[1] 高苛、刘长滨，《住房保障政策选择的动态分析模型》，《中国管理科学》2007 年第 10 期。

（二）市场调控

在英美国家中政府鼓励由市场提供各种住房商品和住房管理服务。即使是针对中低收入者的公共住房的公共管理服务，也是通过市场机构，提供金融、税收和财政补贴等间接干预，公共住房管理事项则由公共住户利用这些市场机构实现自我规划和自治管理。英国通过颁行《有权购房法》(1980年)、《住房与建筑控制法》(1984年)、《住房法》(1986年、1988年)等，将政府拥有的公共住房以非常优惠的条件出售给租住者、私营企业和住房协会，鼓励住房的私有化，让住房回归社会"，将市场机制更多地引入住房领域，地方政府转变角色，"鼓励其他实体提供创造性的办法来满足住房需求，实现私人资本利用的最大化，以及激发人们复兴独立的租赁市场的新兴趣"❶。美国1974年通过的《住房与社区开发法案》中第八章(Section 8)计划、始于1992年的HOPE V I(Housing Opportunities for People Everywhere)计划以及1994年提出的Moving to Opportunity (MTO)计划，都通过发放住房优惠券的办法，鼓励和促进低收入阶层利用市场机制来分散和消化住房困难问题。

（三）住房管理立法的发展

进入20世纪80年代后，政府包揽和市场调控管理模式都逐渐向社会化方向发展。总得趋势是政府将住房管理职能按照其内容和性质区分为国家性行政职能和社会性公共职能，建构一个介于国家政府与私人个体之间的中间组织机构，由这些连接国家与个人的中间组织机构行使公共住房社会性职能，以满足住房公共物品的政策制定与提供服务二元区分的现实需要。

在新加坡，住房管理房屋发展局下设有多个区办事处，原先就是由各区办事处负责小区内的物业管理，并由总部行政处进行协调。从1989年起，组屋的具体维修管理工作移交给市镇理事会这一民间自治组织负责，其提供服务所需经费除住房按月缴纳外，政府还给予资金补贴。现在新加坡有37个市镇理事会.住房的维修管理已经实现了专业化和社会化。

---

❶ 【英】保罗·皮尔逊，《拆散福利国家——里根、撒切尔和紧缩政治学》，吉林出版集团有限责任公司2007版，第109、112页。

在德国，政府鼓励中低收入家庭建立具有互助合作性质的住房合作社，在国家住房管理机构与公共住房居民个人之间建立一个中间组织体形式。利用这种中间组织体独立的自我意识和自我安排来实现公共住房管理的居民自治。政府不仅通过出台相应的法律法规来保障和配合建立公共住房合作社的中间管理团体，还对这种公共住房合作社实行奖励制度，包括通过政府购买低价出租的方式向合作社提供价格低廉的土地；政府为合作社提供因低价出租给社员住房而产生的差额住房补贴；政府向合作社提供贷款或者贷款担保。经过多年的发展，住宅合作社已经成为德国公共住房建设和管理的主要组织形式，其成熟的立法制度和内部运营机制保障了公共住户居民自治的需要。

在英美国家通过建立中介机构，提供金融、税收和财政补贴等间接干预，公共住房管理事项则由公共住户利用这些中介机构实现自我规划和自治管理。比如 1980 年英国的《住房法》规定，即使是仍然租住公房的住户也可以脱离当局的控制，自由选择由中央和社会兴办的住房协会来管理自己的住房。后来，租户有权投票决定脱离地方当局而加入“住宅协会”，许多人都投票同意。相对于地方政府公共住宅部门而言，住宅联盟一般是一个较小、较灵活的组织，它们通常因有效的住房管理而广为接受。一些住宅联盟还提供所有权分享计划，即住户缴纳租金用以积累足以拥有部分产权所需的一定总数的资金，这使他们有希望在一段时间后建立他们共有的产权。对于首次购房者而言直接进入房地产市场是十分昂贵的，而这是一种在可以承受的范围内的间接进入。在美国，1968 年国会通过了新的“住房与城市发展法”，鼓励非营利性组织向低收入居民提供住房，国会还特别批准此类组织可以接受联邦的资助以支付住房抵押贷款的利息。而到 70 年代中期美国住房政策进行了战略性调整，停止了政府出资兴建公共住房。1974 年的“住房与社区开发法”的通过，政府提供补贴鼓励低收入居民在私人住房领域寻找住房的政策，成为美国联邦政府援助低收入家庭的主要方式。[1] 如向私房拥有者提供低息贷款和“税收信贷”，鼓励他们扩建、改建自有房屋，建成后则要求他们按照政府事先

---

[1] 李莉、王旭，《美国公共住房政策的演变与启示》，《东南学术》2007 年第 5 期。

规定的房租出租给中低收入家庭。

三、公共住房立法的内容

(一) 国外公共住房立法的概况

国外先进的国家和地区，公共住房法律法规的制度供给虽然都历经了一个逐渐发展完善的过程，但都已比较充分。

(1) 美国，公共住宅法最早是从各州和大城市旨在消除贫民区住宅内可能引起火灾及对健康有害因素的立法开始。1895 年，纽约州议会通过了一项公共住宅法案，并在 1901 年进行了修订。这为其他州制定类似的法律树立了榜样。这些法律规定要严格检查并按新标准设置管道、防火、通风和采光设施。[1] 在这些地方公共住房的法律基础上联邦制定的立法主要有《国家住房法》(1934 年)、《公共住宅法案》(1937 年)、《住房和城市发展法》(1965 年)、《公平住房法》(1968 年) 和《质量住房和工作责任法案》(1998 年)等。其中 1974 年尼克松政府修订的《住房与社区发展法案》第 8 条款(Section 8)规定：凡家庭收入低于本地区家庭平均收入 40%以下的家庭作为低收入家庭，均可享受补贴。这个著名的 Section 8 法案经过 30 多年的实践证明运行得相当成功。

(2) 英国，最早是英国工薪阶级住房法(*Abusing of the Working Classes Act*)，1885 年制定的一个较相似的工薪阶级住房法被上述新法所超越，直到 1909 年制定《住房和城镇规划法》(*housing and Town Planning Act* 1909)。1919 年英国颁布了第一部实施住房保障的《住宅法》，后经 1980 年(*Housing Act of* 1980)和 1988 年(*Housing Act of* 1988)的修订。1962 年，政府为规范当时民间兴起的建房社团的活动，颁布了《建房社团法》，规定建房社团的宗旨是为社团成员筹集资金，并以完全所有或租赁保有房地产证券形式贷给社员等。

(3) 日本的住宅法规系统地覆盖了房地产开发、住宅建设、改造、经营管理、流通消费和融资保险各方面，重要的有《公营住宅法》、《住宅金融公库法》、《住宅地区改善法》和《地方住宅供给公社法》《住宅品质确保

[1] 杨军，《美国社会历史百科全书》，陕西人民出版社 1992 年版，第 169 页。

法》等。

(4) 德国1950年颁布第一个《住宅建设法案》，规定以建设大众住宅为主。1956年公布第二个《住宅建设法案》，两个法案确立了德国房地产市场的大体框架。1960年又颁布了《联邦建设法》，1973年颁布了《城市建筑促进法》作为《联邦建设法》的补充。1987年又通过了新的《建设法典》。

(5) 新加坡公共住房立法是以住房公积金制度为基础，以公共组屋为核心的一系列法律规范构成。主要包括《中央公积金法》、《建房与发展法令》、《建房局法》、《特别物产法》以及《土地征用法令》等。

(6) 荷兰公共住房立法主要包括《住房法》(1901年)、《租金与补贴政策白皮书》(1974年)和《社会租赁住房管理法令》(1993年)等。

(二) 我国公共住房立法的现状

我国公共住房法律法规的制度供给正在经历一个从初创到进一步完善的阶段，主要内容包括：

(1) 1994年《国务院深化住房制度改革的决定》.

(2) 1999年国家建设部出台的《城镇廉租房管理办法》，只是把廉租对象定位为城镇最低收入家庭和住房特困户。

(3) 2003年12月由建设部、财政部、民政部、国土资源部、国家税务总局联合发布了《城镇最低收入家庭廉租住房管理办法》，取代建设部于1999年4月发布的《城镇廉租住房管理办法》并于2004年1月1日起正式施行。

(4) 2004年4月建设部、国家发展和改革委员会、监察部、财政部、国土资源部、中国人民银行、国家税务总局等七部门联合发布《经济适用住房管理办法》。

(5) 2006年8月建设部发布的《城镇廉租住房档案管理办法》。

(6) 公共住房制度在许多城市改革试点。各主要省市基本上都制定了关于经济适用房和廉租房的"管理规定"和"保障办法"，但基本都以地方政府规章的形式，由地方人大通过的地方性法规的形式，比如深圳市《深圳市保障性住房条例》的地方性法规并不普遍。

（三）我国公共住房立法的评价

（1）在立法位阶上，立法与公共住房的社会价值、政策目标不匹配。在国家层面，目前只有两个部委规章在指导全国的公共住房立法制度建设。在地方层面，虽然主要省市基本都制定了地方性管理规定或保障办法，但也主要是地方性的政府规章形式。无论是在立法的效力范围还是效力层次上都不能满足公共住房快速发展的社会需要。

（2）在立法内容上，公共住房领域制度空洞现象明显。关于公共住房立法的基本原则和重要制度都处于探索阶段，用语含混、制度空洞，缺乏操作性。第一，与公共住房有关的基本概念需要界定。例如公共住房的定义、公共住户的定义、公共住房社团、公共住房管理等；第二，公共住房制度建设的立法目标、法制理念、指导思想需要明确；第三，公共住房制度建设的基本内容规范化。有关城镇基本住房保障标准、范围、方式，保障性住房的规划、建设与管理，住房租赁补贴，土地、财政、税收与金融支持，基本住房保障的组织落实，农村住房保障制度等内容需要以规范性法律文件的形式，由政策转化为立法规范，克服随意性和不稳定性。

（3）在立法结构上，公共住房领域存在立法分解现象。由于我国各地都在进行公共住房试点改革。以廉租房为例，根据建设部的统计，截至2006年底，全国657个城市中，已经有512个城市建立了廉租住房制度，占城市总数的77.9％。甘肃、浙江、广东、河北、江西、陕西、江苏、湖北等8个省的90％以上城市建立了廉租住房制度[1]。各地都有自己的公共住房"管理规定"和"保障办法"，这些规范性文件在事实上形成了公共住房立法的分割现象。在实践中由于缺乏统一的专门立法，援引不同的地方规范针对性解决各地的公共住房问题，造成相同问题结果不同的制度性差异的不公平后果。

（4）在立法性质上，公共住房领域存在过度公法化倾向。我国公共住房的相关立法几乎都是行政法律法规，然而公共住房的权属保护、权属变动、自治管理都需要并借助于私权工具，在立法系统中，公共住房法也需要与《物权法》、《房地产管理法》、《土地管理法》、《城乡规划法》等一系列

---

[1] 符启林、罗晋京，《对我国廉租住房立法的建议》，《甘肃社会科学》2008年第2期。

公私部门法衔接与协调，完全行政公法意义上的公共住房法无法满足中低收入家庭的住房需求，也不能代表建立完善的住房保障体系和法律制度的方向。

总之，目前的公共住房立法既没有完成对已有的公共住房改革成果立法梳理与总结的任务，也无法发挥对未来的公共住房进一步深化改革进行指导与前瞻的功能。

四、公共住房立法配套——登记公示制度

（一）登记公示制度在公共住房立法中的价值

在公共住房系统中权利会处于不断的变动之中，不仅对权利变动当事人的利益影响甚巨，而且与权利变动第三人的利益同样息息相关。当公共住房登记的权利状态与真实的权利状态并不一致时，如何平衡真正权利人与依赖住房登记的第三人之间的利益？公共住房法如何保护住房真正权利人的权利，同时如何构建良好的流通秩序，确保公共住房流转过程中形成良性循环与利用秩序便成为摆在公共住房法面前的现实问题。

我国处理原则：第一，权利因法律事实错误而回转。这是法律事实与法律关系的一般原理在公共住房法中的具体体现。只要权利回转只涉及特定当事人之间的利益或不影响善意第三人的利益，应允许权利回转，允许原权利人根据权利排他效力恢复住房权利原有状态。第二，权利排他效力止于交易安全。在涉及善意第三人的情况下，权利的排他效力与保障交易安全存在冲突，这种冲突的本质是个别住房权利与整体住房利益的矛盾，以社会本位的立法取向，维护交易安全相对于保障个别权利更重要，权利的排他效力止于交易安全。此时住房权利人只能向新权利人主张价值补偿。第三，权利公示原则为权利的排他效力止于交易安全提供了理论基础和实践条件。公共住房公示原则赋予第三人以充分信任对方的理由，住房权利变动经公示后，为判断第三人的交易行为的善意提供一个客观标准。

（二）登记公示制度在公共住房立法中的实现

1. 登记的内容

1）公共住房基本信息。公示建设、经营和管理项目机构基本情况、公

共住房项目基本情况、有关公共住房权属的基本情况。主要包括：

(1) 项目机构简介：包括建设、经营和管理项目机构名称、机构性质、法人代表、注册资本、主要职权和职责、信用情况等；

(2) 项目简介：包括项目名称、位置、总建筑面积、投资总额、可售房源总套数、开竣工时间、最高单价、最低单价和平均销售价格(按建筑面积计算)，预售资金监管银行账号、容积率、项目配套和周边环境情况等；

(3) 楼盘基本信息：包括户型、预测建筑面积、结构、用途、配套水电气暖等公用设施时间、住房交付使用时间、办理房屋初始登记和转移登记时间、物业服务运行时间等。

(4) 住房权属信息：房屋权属性质和用途、国有土地使用证、建设用地规划许可证、建设工程规划许可证、建筑工程施工许可证、公共住房预售或租赁许可证、经批准的项目修建性详细规划图、销售或租赁经营委托书及承销或承租经营机构《营业执照》和资质备案证书等。

2) 公共住房销售、租赁、置换、拆迁补偿(权属变动)信息。

(1) 住房预售、租赁、置换、拆迁补偿方案：公示住房的位置、装修标准、竣工交付日期、经营性或者非经营性配套公共设施清单以及公共建筑的产权归属等内容；

(2) 各幢房屋销控表：公示每套房源的户型、建筑面积、配套设施、周边环境。

(3) 各类合同示范文本；

(4) 业主临时公约和前期物业服务合同；

(5) 住房的权利信息：权属性质、比例、权属者等。

2. 登记的程序

(1) 公示形式：标准统一的全国公共住房登记公示系统

(2) 公示时间：取得销售、租赁经营、置换、拆迁补偿的许可后，持续到公共住房项目完成。

(3) 公示程序要求：所有公示信息需与实际情况相一致，要求真实、准确、合法。

3. 登记的效力

(1) 一般登记效力：权利推定的效力。以法定方法公示的公共住房权属状态，具有使一般人信赖其为正确、真实的效力。

(2) 异议登记效力：中止权利推定的效力。事实上的权利人以及利害关系人对现实登记的权利异议的登记，使得现实登记的权利暂停性的中止按照登记内容行使权利。

(3) 更正登记效力：终止权利推定的效力。当事人认为登记有错误申请更正或登记机关发现登记错误依职权进行的登记更正，使得现实登记的权利永久性的终止按照登记内容行使权利。

本章小结

分权治理格局下公共住房管理的权源基础并不仅仅局限于私权之内的建筑区分所有，还有一部分是公共管理职权，国家关于住房的公共管理职能的分化和下放也构成了公共住房管理的权源之一。政府管制正当性转化为对住房管理团体公共责任的监督。理论上作为一个整体阐释的房屋管理在立法规则的设计上，则需分解到一系列公私部门法中，通过对《物权法》、《房地产管理法》、《物业管理条例》以及相关的各种行政规章、地方性规章、司法解释中有关房屋管理内容的共同作用来实现房屋管理立法秩序的完成。我国公共住房法律法规的制度供给正在经历一个从初创到进一步完善的阶段，公共住房立法一方面要完成对已有的公共住房改革成果进行梳理与总结的任务，一方面要发挥对未来的公共住房深化改革进行指导与前瞻的功能。

结 论

本书以公共住房的公共属性为研究起点，以住房保障制度改革为研究背景，从私权自治与公权管制结合的多元视角对公共住房的相关法律问题进行了较为全面的探讨，试图揭示和分析在传统民法领域，尤其是物权法领域，公共住房的权利个性与法律规制。

本书所论述的公共住房法律问题，是在社会保障成为各国（包括我国）在住房领域普遍关注和重点建设的背景下，为解决传统民法理论无法解释和回应公共住房的特殊属性，而立法实践又滞后于现实生活的实际需要。重点研究了公共住房建设进程中的法治意义，揭示了公共住房法学意义，探讨公共住房在住房变动与住户流动中私权的分配与运行的特殊规律，尝试了在公共住房上进行多元主体构造的可能，展望提出了公共住房领域统一立法的宗旨原则，试图发现和构建公共住房法制问题的理论框架，从而为我国公共住房领域社会保障改革的法学研究提供理论助益。归纳和总结西方各国在公共住房社会保障实践中的原则和做法，并对我国处理相关法律问题采取的立法态度和政策措施进行了比较和分析。

通过本书的论证，对于公共住房的法律问题可以形成以下结论：

一、公共住房的法学意义

“公共住房”在法律上的含义应该是一个制度体系的概念，对其的理解不应仅仅只停留在房屋实体的层面，或者局限于公有的权属性质上。公共住房所包含的保障公益也是权利客体内含“法益”的应有之意，它也隐喻着私法调整的空间。公共住房是与商品房相对的，同时满足“公平的正义”和“经济的效用”两个制度结构评价标准，由政府起主导作用，涉及住房开发建设、住房交易流动、住房使用管理等诸多环节的住房法制体系。在宪法权利位阶的定位决定了公共住房法制体系由“所有”向“使用”转化的价值取向，住房的使用成为公共住房法制体系架构的核心，而非对财产归属的确认与赋予；公共住房的层级分配和梯度消费不仅能覆盖适当的保障人群，还能及时反映保障人群更新的动态变化，确保公共住房法制体系保障功能的实现；分散布局与混合居住的住房管理则是面对社会极化与空间分化在公共住房法制体系的应对。

二、公共住房的主体选择

在公共住房的组织体选择上，国家和个人都不是唯一的答案。公共住房上个体由于共同的住房需求和管理需要不断强化着他们之间的紧密关系，以致有可能产生特殊的组织体，这种组织形式介于国家与个体之间，但又需与国家和个体这两股力量合作。多渠道、多形式住房建设改革探索也催生各类公共住房组织形态。公营企业、非营利合作建房、私房公用等都是公共住房主体形态以及组织构架的新模式探索。目前我国公共住房主体的主要问题，一方面，在公共住房中国家（政府）的影响无处不在，“公权独大”；另一方面，公共住房的实际享有者——公共住户个人没有选择的机会、自由，谈不上决定权和影响力，“私权羸弱”。为克服公权独大，拯救羸弱的私权，需加大培养和发展各类公共住房中间团体——住房合作社。住房合作社既是住房个人的集合也是共同合作的结果，它联系国家与个人，即反映真实的住房者意愿，又能因团结获得更多的决定权和影响力。中国公共住房的提供主体需要由全能型国家向多元的住房社团过度或转移。

三、公共住房的私权机制

公共住房的非竞争性和非排他性并不具有绝对的意义，市场机制作为一种资源配置的方式，在涉及公共住房开发建设、交易流动、使用管理等诸多环节可以引入。住房的使用是公共住房法制体系架构的核心，立法规范层面，公共住房系统与商品房系统明确区分。房屋类型和房屋条件，是公共住房空间范畴的区分标准。住户类型和资格条件，是公共住房主体范畴的区分标准。公共住户对房屋专有空间享有不同程度的支配性权利，同时都对社区公共空间、公共设施、设备享有共同管理的权利。在独立的公共住房流通体系内，依据公共住房权利法定原则，实行私人、住房社团、政府租售和回购的差序格局。意思的、技术的、经济的和社会目的是影响公共住房权利行使时的考量因素。传统的、权威的、程序的、普遍性的是影响公共住房权利变动时的考量因素。在公共住房领域同样需借助契约自由和物权法定等私权工具。最需警惕的是商品房和公共住房两种资源两种属性两个系统的混淆，以及由此产生的法律规制的混乱。

四、公共住房的公权管理

政府在公共住房的建设、开发、流通、管理等诸多环节起主导作用。简单的行政监管法制模式无法解决公共住房管理的难题。在公共住房管理领域应实行公法、私法共同调整的规制格局。分权治理格局下公共住房管理的权源基础并不仅仅局限于私权之内的建筑区分所有，还有一部分是公共管理职权，国家关于住房的公共管理职能的分化和下放也构成了公共住房管理的权源之一。政府管制正当性转化为对住房管理团体公共责任的监督。房管机关管理职能转化非常重要的关键，在于对房屋使用管理秩序形成和私权意思行使的程序强制干预，而不是直接介入公共住户契约内容的实体调整。理论上作为一个整体阐释的房屋管理在立法规则的设计上，则需分解到一系列公私部门法中，通过对《物权法》、《房地产管理法》、《物业管理条例》以及相关的各种行政规章、地方性规章、司法解释中有关房屋管理内容的共同作用来实现房屋管理立法秩序的完成。

参考文献

(一) 专著

[1] 【美】E·博登海默著,邓正来译.法理学:法律哲学与法律方法[M].北京:中国政法出版社,1998.

[2] 【英】H.L.哈特著.法律的概念[M].许家馨等译.北京:法律出版社,2006.

[3] 【美】贝思·J·辛格著.实用主义、权利和民主[M].王守昌等译.上海:上海译文出版社,2001.

[4] 【美】理查德·A·波斯纳著.法理学问题[M].苏力译.北京:中国政法大学出版社,2001.

[5] 【德】海因里希 罗门著.自然法的观念史和哲学[M].姚中秋译.上海:上海三联书店,2007.

[6] 【意】米拉格利亚著.比较法律哲学[M].朱敏章等译.北京:中国政法大学出版社,2004.

[7] 【美】约翰·罗尔斯著.正义论[M].何怀宏等译.北京:中国社会科学出版社,2006.

[8] 【德】拉伦兹.法学方法论[M].上海:商务印书馆,2005.

[9] 【英】约翰·洛克著.政府论两篇[M].赵伯英译.陕西:陕西人民出版社,2004.

[10] 【美】哈罗德·J·伯尔曼著.宗教与法律[M].梁治平译.北京:中国政法大学出版社,2002.

[11] 【日】美浓部达吉著.公法与私法[M].黄冯明译.北京:中国政法大学出版社,2002.

[12] (新西)迈克尔·塔格特编.行政法的范围[C].北京:中国人民出版社,2006.

[13] (新西)迈克尔·塔格特编.行政法的范围[C].北京:中国人民出版社,2006.

[14] 【日】星野英一.私法中的人[M].北京:中国法制出版社,2004.

[15] 【德】罗尔夫·可尼佩尔.法律与历史——论德国民法典的形成与

变迁[M]. 北京:法律出版社,2003.
[16] 【法】路易·若斯兰. 权利相对论[M]. 北京:中国法制出版社,2006.
[17] 【法】莱昂·狄骥. 拿破仑法典以来私法的普通变迁[M]. 北京:中国政法大学出版社,2002.
[18] 【德】卡尔·施密特. 宪法的守护者[M]. 北京:商务出版社,2008.
[19] 【德】鲁道夫·冯·耶林. 为权利而斗争[M]. 郑永流译. 北京:法律出版社,2007.
[20] 【德】迪特尔·梅迪库斯. 德国民法总论[M]. 北京:法律出版社,2006.
[21] 【德】卡尔拉伦茨. 德国民法通论[M]. 北京:法律出版社 2003.
[22] 【德】魏德士著. 法理学[M]. 丁晓春,吴越译. 北京:法律出版社,2005.
[23] 周枏. 罗马法原论[M]. 上海:商务印书馆,1996.
[24] 史尚宽. 民法总论[M]. 北京:中国政法大学出版社,2000.
[25] 史尚宽. 民法总论[M]. 北京:中国政法大学出版社,2000.
[26] 大村 敦治. 民法总论[M]. 江溯等译. 北京:北京大学出版社,2004.
[27] 龙卫球. 民法总论[M]. 北京:中国法制出版社,2002.
[28] 黄立. 民法总则[M]. 北京:中国政法大学出版社,2002.
[29] 【日】大村 敦志. 民法总论[M]. 北京:北京大学出版社,2004.
[30] 马俊驹等著. 民法原论[M]. 北京:法律出版社,2005.
[31] 张文显. 法学基本范畴研究[M]. 北京:中国政法大学出版社,1998.
[32] 陈晓军. 互益性法人制度研究——以商会、行业协会为中心[M]. 北京:法律出版社,2007.
[33] 高富平. 物权法专论[M]. 北京:北京大学出版社,2007.
[34] 【日】近江幸治. 民法讲义:物权法[M]. 北京:北京大学出版社,2006.
[35] 【德】M·沃尔夫. 物权法[M]. 吴越,李大雪译. 北京:法律出版社,2004.
[36] 陈新民. 德国公法学基础理论[M]. 山东:山东人民出版社,2001.
[37] 周林彬. 物权法新论[M]. 北京:北京大学出社,2002:

[38] 【英】亚当·斯密.国富论[M].广东:新世纪出版社,2007.
[39] 【美】康芒斯著.制度经济学[M].上海:商务印书馆,1962.
[40] 【美】迈克尔·谢若登著.资产与穷人[M].北京:商务出版社 2005.
[41] 【英】巴尔著.福利国家经济学[M].邓秉文等译.北京:中国劳动社会保障出版社,2003.
[42] 【英】亚瑟·塞斯儿 庇古著.福利经济学[M].何玉长等译.上海:上海财经大学出版社,2009.
[43] 【美】约瑟夫·E·奇蒂格利茨著.公共部门经济学[M].北京:中国人民大学出版社,2005.
[44] 高鸿业,吴易风.现代西方经济学[M].北京:经济科学出版社 1990.
[45] 胡代光,周安军.当代西方经济学者论市场经济[M].上海:商务印书馆,1997.
[46] 胡家勇.政府干预理论研究[M].辽宁:东北财经大学出版社 1996.
[47] 【美】E·布坎南.公共财政[M].北京:中国财政经济出版社 1991.
[48] 马克思恩格斯全集[M].第 1 卷,北京:人民出版社.1956.
[49] 【英】保罗·皮尔逊.拆散福利国家——里根、撒切尔和紧缩政治学[M].吉林:吉林出版集团有限责任公司,2007.
[50] 【英】A·布洛克,O·斯塔列布拉斯.枫丹娜现代思潮辞典[M].中国社会学院文献情报中心译.北京:社会科学文献出版社,1988.
[51] 【法】埃米尔·迪尔凯姆著.自杀论[M].冯韵文译.上海:商务印书馆,2010.
[52] 邓杭生等著.当代中国城市社会结构:现状与趋势[M].北京:中国人民大学出版社。2004.
[53] 邓大松,刘昌平等著.改革开放 30 年:中国社会保障制度改革回顾、评估与展望[M].北京:中国社会科学出版社,2009.
[54] 李斌.分化的住房政策:一项对住房改革的评估性研究[M].北京:社会科学文献出版社,2009.
[55] 【美】保罗·福塞尔.格调[M].北京:中国社会科学出版社,1998.
[56] 【美】施瓦兹著.美国住房政策[M].黄瑛译.北京:中信出版

社，2008.

[57] 浩春杏. 城市住房梯度消费——以南京为个案的社会学研究[M]. 江苏：南京大学出版社，2007.

[58] 建设部课题组. 多层次住房保障体系研究[M]. 北京：中国建筑工业出版社，2007.

[59] 穆怀中. 社会保障国际比较[M]. 北京：中国劳动社会保障出版社，2007.

[60] 王洪春. 住房社会保障研究[M]. 安徽：合肥工业大学出版社，2009.

[61] 姚玲珍著，中国公共住房政策模式研究[M]，上海财经大学出版社 2009.

[62] 【日】江正弘. 日本公营企业的改革[M]. 上海：上海财经大学出版社，1996.

[63] 闫闺芳，杨晚香. 财产征收研究[M]. 北京：中国法制出版社，2006.

[63] 陆介雄等著. 住房合作社立法研究[M]. 北京：法律出版社 2006.

[63] 杨军主编. 美国社会历史百科全书[M]. 陕西：陕西人民出版社，1992.

[66] 【美】威廉姆·H·怀特克等著. 当今世界的社会福利[M]. 解俊杰译. 北京：法律出版社，2002.

(二) 期刊、论文

[67] 袁曙宏，苏西刚. 论社团罚[J]. 法学研究，2003(5).

[68] 关涛，樊静. 不动产证券化的民法原理[J]. 中国法学，2002(5).

[69] 许德风. 住房租赁合同的社会控制[J]. 中国社会科学，2009(3).

[70] 夏立安. 经济和社会权利的可裁决性——从健康权展开[J]. 法制与社会发展，2008(2).

[71] 徐道稳. 公民资格理论与我国社会政策的重构[J]. 人文杂志，2007(6).

[72] 郑贤君. 社会权利的司法救济[J]. 法制与社会发展，2003(2).

[73] 汪进元. 论生存权的保护领域和实现途径[J]. 法学评论，2010(5).

[74] 张运书. 日本住房保障制度的法理分析与借鉴[J]. 现代经济探讨，2011(6).

[75] 龚向和.社会权司法救济之宪政分析[J].现代法学,2005(5).
[76] 蔡守秋.自然资源有偿使用和自然资源市场的法律调整[J].法学杂志,2004(6).
[77] 李扬,汪利娜,殷剑峰.普遍住房保障制度比较和对中国的启示[J].财贸经济,2008(1).
[78] 黄修民,日本公共住宅制度改革及发展趋势研究[J].学术界,2010(4).
[79] 李莉,王旭.美国公共住房政策的演变与启示[J].东南学术,2007(5).
[80] 石薇.基于美国经验的上海市公共租赁房发展对策[J].科学发展,2011(5).
[81] 沈宏超.国外住房合作社的经验与启示[J].城市发展研究,2009(2).
[82] 窦竹君.美国住房信贷资产证券化的法律规制及对我国的启示[J].河北法学,2003(1).
[83] 余南平.金融危机下德国住房模式反思[J].德国研究,2010(3).
[84] 李莉.美国公共住房政策的演变[D].厦门:厦门大学人文学院历史系,2008(5).
[85] 边燕杰,刘勇利.社会分层、住房产权与居住质量——对中国“五普”数据的分析[J].社会学研究,2005(3).
[86] 李强.政治分层与经济分层[J].社会学研究,1997(4).
[87] 李斌.市场推进下的中国城市弱势群体及其利益受损分析[J].求实,2002(5).
[88] 孙立平.社会转型:发展社会学的新议题[J].社会学研究,2005(1).
[89] Ian Cook 著.英国公共住房政策和立法的发展及其对中国的启示——以利物浦为中心的案例分析[J].竺效译,钱云校译.政治与法律,2008(2).
[90] 马祖琦.城市健康视角中的公共住房政策研究——美国经验及其对我国的启示[J].环球瞭望,2008(7).
[91] 程玉申,周敏.国外有关城市社区的研究述评[J].社会学研究,

1998(4).

[92] 李斌.中国住房改革制度的分割性[J].社会学研究,2002(2).

[93] 李培林,张翼.消费分层:启动经济的一个重要视点[J].中国社会科学,2000(1).

[94] 张文忠.城市居民住宅区位选择的因子分析[J].地理科学进展,2001(3).

[95] 张慧芳,王晔.中国居民位置消费行为的实证分析[J].当代经济科学,2004(1).

[96] 徐晓军.住宅小区的阶层化:机遇与挑战[J].城市问题,2001(5).

[97] 李正全.发达国家政府干预房地产市场的政策演变趋势及其借鉴意义[J].世界经济研究,2005(5).

[98] 李超君,张鸣.从大规模公共住房建设到有针对性的住房供给——二战后德国公共住房政策的发展和演进[C].生态文明视角下的城乡规划——2008中国城市规划年会论文集,2008中国城市规划年会.

[99] 张平华.权利位阶论——关于权利冲突化解机制的初步探讨[J].法律科学(西北政法学院学报),2007(6).

[100] 马岭.权利冲突与权利位阶[J].云南大学学报(法学版),2008(5).

[101] 林来梵,张卓明.论权利冲突中的权利位阶——规范法学视角下的透析[J].浙江大学学报(人文社会科学版),2003(6).

[102] 王崇华.权利位阶的反思[J].社会科学论坛,2009(4).

[103] 涂四益.五四宪法之公民权利义务规范的特点——兼论与苏联1936年相关宪法规范的区别[J].法学评论,2011(4).

[104] 董书平.基本权利位阶秩序与私法[J].青海社会科学,2009(5).

[105] 刘晔,李志刚.20世纪90年代以来封闭社区国内外研究述评[J].人文地理,2010(3).

[106] 秦瑞英,闫小培,曹小曙.国外城市封闭社区及其治理[J].经济地理,2005(3).

[107] 余侃,华朱,菁芮扬.合并中的隔离——对国外封闭社区发展机制及规划应对的思考[J].现代城市研究,2010(8).

[108] 徐苗,杨震.论争、误区、空白—从城市设计角度评述封闭住区的研究现状[J].国际城市规划,2008(4).

[109] 李志刚,吴缚龙,高向东."全球城市"极化与上海社会空间分异研究[J].地理科学,2007(3).

[110] 徐苗,杨震.论争、误区、空白—从城市设计角度评述封闭住区的研究现状[J].国际城市规划,2008(4).

[111] 高翔,张楠.封闭式小区的利弊及其对策[J].山西建筑,2006(10).

[112] 董溯战.论作为社会保障法基础的社会连带[J].现代法学》,2007(1).

[113] 申建林.西方社团主义的利益调整模式[J].国外理论动态,2010(2).

[114] 凌维慈.论居住保障与财产权限制——以日本房屋租赁法上的"正当事由制度"为例[J].政治与法律,2008(2).

[115] 林坚,杨志威.香港的旧城改造及其启示[J].城市规划,2000(7).

[116] 项光勤.发达国家旧城改造经验教训及其对中国城市改造的启示[J].学海,2005(4).

[117] 章岩,方可.是历史在重演吗?——从美国的"城市更新"到中国的"旧城改造"[J].经济理论与经济管理,2008(12).

[118] 胡金星、陈杰.荷兰社会住房的发展经验及其启示[J].华东师范大学学报(哲学社会科学版),2011(2).

[119] 项光勤.发达国家旧城改造经验教训及其对中国城市改造的启示[J].学海,2005(4).

[120] 包振宇.美国住宅租赁法律制度研究——以承租人住宅权保障为例[J].美国研究,2010(2).

[121] 张震.公有住房使用权及其交易问题探究[J].焦作大学学报,2004(4).

[122] 崔裴,张永岳,谢福泉.关于发展、完善上海住房租赁市场的建议[J].科学发展,2011(11).

[123] 胡金星,陈杰.荷兰社会住房的发展经验及其启示[J].华东师范大学学报(哲学社会科学版),2011(2).

[124] 包振宇.美国住宅租赁法律制度研究——以承租人住宅权保障为例[J].美国研究,2010(2).

[125] 罗纳德·波斯顿.美国财产法的当前发展趋势[J].外国法译评,1994(3).

[126] 高秦伟.私人主体的行政法义务[J].中国法学,2011(1).

[127] 孔繁斌.从限制结社自由到监管公共责任——中国政府社团管制正当性及其制度改革[J].中国行政管理,2005(2).

[128] 朱华.德法政策性住房金融体制考察见闻(下)[J].上海建设科技,2004(5).

[129] 彭地.德国、法国及香港地区住房保障的启示[J].重庆国土资源,2004(2).

[130] 赵明,弗兰克 舍雷尔.法国社会住宅政策的演变及其启示[J].国际城市规划,2008(2).

[131] 郑志东.英国可支付住房与规划政策关系研究[J].国际视点,2007(2).

[132] 高苛,刘长滨.住房保障政策选择的动态分析模型[J].中国管理科学,2007(10).

[133] 李莉,王旭.美国公共住房政策的演变与启示[J].东南学术,2007(5).

[134] 符启林,罗晋京.对我国廉租住房立法的建议[J].甘肃社会科学,2008(2).

(三)外文资料

[135] Lazarus, R. Changing Conceptions Of Property And Sovereignty In Natural Resources: Questioning The Public Trust Doctrine [J]. Iowa Law Review,1986(3).

[136] Stewart R. B. & C. R. Sunstein, Public Programs And Private Rights[J]. Harvard Law Review,1982(6).

[137] Arnstein, S. (1969); Michael W. Neidhart (2005), United Nations (2007), Lazarus, R. Changing Conceptions Of Property And Sovereignty In Natural Resources: Questioning The Public

Trust Doctrine[J]. Iowa Law Review, 1986(3).

[138] Marie Loison. The Implementation Of An Enforceable Right To Housing In France[J]. European Journal Of Homelessness, 2007(1).

[139] Harold, D. Toward A Theory Of Property Rights [J]. The American Economic Review, 1967(2).

[140] Webster C. The Nature Of The Neighbourhood [J]. Urban Studies, 2003(13).

[141] Wu, F. L. Rediscovering The Gate'Under Market Transition: From Workunit Compounds To Commodity Housing Enclaves [J]. Housingstudies, 2005, 20(2).

[142] Manzi, T. & Smith-Bowers B. Gated Communities As Club Goods: Segregation Or Social Cohesion[J]. Housing Studies, 2005(2).

[143] Alvarez-Rivadulla M J. Golden Ghettos: Gated Communities And Classresidential Segregation In Montevideo, Uruguay [J]. Environment And Planning A, 2007, 39(1).

[144] Wu, F. L. Rediscovering The Gate'Under Market Transition: From Workunit Compounds To Commodity Housing Enclaves [J]. Housingstudies, 2005, 20(2).

[145] Manzi, T. & Smith-Bowers B. Gated Communities As Club Goods: Segregation Or Social Cohesion[J]. Housing Studies, 2005(2).

[146] Salvatore Pugliatti, Cosa. Enciclopedia Del Diritto [M], XI, Cosa—Delib, Giuffre, Milano, 1962.

[147] Trattner, Walter I. From Poor Law To Welfare State: A History Of Social Welfare In America[M]. Free Press 1994.

[148] Logan, John R. & David Moloch. Urban Fortunes : Political Economy Of Place[M]. Berkeley , CA: University Of California Press, 1987.

[149] Akos, R. T. The First Shall Be Last? Entrepreneurship And Communist Cadres In The Transition From Sociology [J]. American Journal Of Sociology, 1994(1).

[150] Stretton, H. & L. Orchard. Public Goods, Public Enterprise, Public Choice[M]. ST. Martin's Press, INC, 1994.

[151] Piano, J. C. & M. Greenbery. The American Political Dictionary [M]. Holt, Rinehart And Winston, 1979.

[152] Freeman, J. Privatization: Private Parties, Public Functions And The New Administrative Law [J]. American Bar Association Administrative Law Review, 2000(6).

[153] Rasband, J. &J. Salzman. M. Squillace. Natural Resources Law And Policy[M]. Foundation Press, 2004.

后 记

美国批判社会学家C.赖特·米尔斯在其名篇《社会学的想象力》中，对学术与人生有着自己独到的见解，“选择做一名学者，既是选择了职业，同时也是选择了一种生活方式……在努力使治学臻于完美的历程中，治学者也塑造了自我……”。

当年华逝去，无暇的脸有了岁月的痕迹，青丝里开始夹杂除不尽的白发，岁月又给了自己当初的选择怎样的回馈?

到了现在精神上才真正独立，专业技能才开始成熟，专业梦想变得清晰，目标变得坚定。终于不必介意外在的条条框框纷纷扰扰，不再为读书而读书，研究而研究，治学而治学。有了专业信仰的滋养，即使精神之旅的跋涉依然清苦寂寞，但精神的解放为专业之火添加了兴趣之油。

到了现在经济上才真正自如，物质欲望并没有因为年龄而高涨，物质创造力却在岁月中向前，第一次真正体悟物质上的“随心随欲”可以转化为精神上的自由，或者说，有了这个基础，才可以说物质金钱的价值只是为人的发展提供更多的机会和自由。

到了现在人际上才真正平和。人生总要经历许多人与事才能领悟。人，生来平等。尊重别人犹如尊重自己，能否平等对待每一个人，不因对方尊崇而卑微，不因对方贫瘠而自大，才是岁月洗礼中的人生大考。

朱 冰

癸巳年甲子月戊午日隆冬